A Vida Espiritual

Annie Besant

A Vida Espiritual

Tradução:

Adolfo José da Silva

EDITORA
TEOSÓFICA

The Theosophical Publishing House, Wheaton, IL - U.S.A.
Edição em inglês: 1991

Edições em português:
1ª edição: 1992
2ª edição: 2023

B 554

Besant, Annie, A vida espiritual
Editora Teosófica,

208 p.

Tradução: Adolpho José da Silva
ISBN: 978-85-7922-237-5

1. Teosofia II. Título

CDU 141.322

EDITORA TEOSÓFICA
SIG Quadra 6, Nº 1235
70.610-460 – Brasília-DF – Brasil
Tel.: (61) 3322.7843
E-mail: *editorateosofica@editorateosofica.com.br*
Site: *www.editorateosofica.com.br*
Instagram: *@editorateosofica*
Whatsapp: 61 9 8613.4906

Revisão:
Cristina Almeida Schumacher e Valéria Marques de Oliveira
Capa/diagramação: Ana Paula Cichelero

SUMÁRIO

PREFÁCIO À EDIÇÃO BRASILEIRA

É de suma importância considerar que a presente obra é uma coletânea de artigos diversos e palestras transcritas que não foram reunidos sob a orientação de sua autora, mas por iniciativa de *The Theosophical Press*, com o intuito de preservar e tornar acessíveis alguns de seus trabalhos mais raros.

Assim, à medida que partes dessa obra visavam a um público selecionado, torna-se indispensável alertar que a prática segura do desenvolvimento de certos poderes ocultos aqui mencionados só é recomendável quando o aspirante conquistou pureza e integridade espirituais. A própria Dra. Annie Besant considera, em sua obra *Yoga, Ciência da Vida Espiritual*: "Quando insisto na necessidade que há de purificar-se, e quando acrescento que há discípulos que não alcançaram o suficiente grau de pureza, acusam-me de contradição. Em verdade não há tal contradição. É possível atravessar esse umbral sem ser puro, assim como é possível mover-se livremente no Plano Astral sem ter alcançado suficiente grau de pureza; mas é também verdade que existem terríveis perigos se esse grau não foi alcançado" (Op. cit. São Paulo, Pensamento, 1968. p. 79).

Convém também tomar em consideração que os trabalhos da autora aqui reunidos têm mais de setenta anos, sendo de uma época em que o esoterismo não estava tão difundido, nem deturpado por interesses comerciais ou modismos como ocorre atualmente.

A presente tradução baseou-se na última edição de língua inglesa, cujo editor menciona que foram feitas certas adaptações da linguagem da autora a expressões mais atuais e compreensíveis, sempre preservando, porém, o pensamento original da autora, que é atemporal e particularmente pertinente aos dias de hoje, bem como aos tempos futuros.

A Editora

PREFÁCIO

Joy Mills[1]

Quando Annie Wood Besant ingressou na Sociedade Teosófica em 1889 – após uma leitura dos recém-publicados volumes da obra *A Doutrina Secreta*, de H.P. Blavatsky, e um encontro memorável com sua autora – ela já havia alcançado fama e sucesso na Inglaterra, seu país. Qualquer exame de sua vida (1847-1933) deve levar em conta as suas numerosas "vidas", segundo as palavras constantes na descrição de um biógrafo sobre os estágios do progresso no seu pensamento (Prof. Arthur Nethercot). Ela já havia se tornado agnóstica, teísta, ateísta, socialista, reformadora, defensora dos direitos das mulheres e dos direitos dos trabalhadores. Aos quarenta e dois anos de idade, quando veio para a Sociedade Teosófica, havia realizado muito mais do que muitas outras pessoas, sejam homens ou mulheres, conquistam no espaço de uma vida. O seu colega na causa socialista, George Bernard Shaw, proclamou-a como a maior oradora da sua época.

Não obstante, sua vida e trabalho, a partir da memorável data de sua filiação à Sociedade Teosófica, até o término de sua encarnação, seriam ainda muito mais multifacetados do que nos anos precedentes. Ela imediatamente lançou-se à apresentação de palestras para a Sociedade e, rapidamente, elevou-se a uma posição de liderança, tornando-se, por fim, Presidente da Sociedade após o falecimento do Cel. H.S. Olcott, em 1907. O excepcional brilho de suas palestras e escritos e sua personalidade administrativa atraíram milhares de

1 Joy Mills (9 de outubro de 1920 - 29 de dezembro de 2015) foi uma educadora que serviu como presidente da Sociedade Teosófica na América de 1965 a 1974, e depois como vice-presidente internacional da Sociedade Teosófica na sede internacional, em Adyar, Chennai, Índia, de 1974 - 1980. Ela foi uma palestrante internacional muito popular e recebeu a Medalha Subba Row em 2011 por suas contribuições à literatura teosófica. (Nota Ed. Bras.)

pessoas para as causas que ela defendia, a principal delas a própria Sociedade. O seu papel no movimento para a legislação interna na Índia, seu trabalho na criação de escolas e universidades naquele país e o fomento da reforma educacional em toda a parte, a sua adoção do jovem J. Krishnamurti e a subsequente proclamação do papel que ele desempenharia como instrutor do mundo, são todos fatos legendários. Era incansável no servir porque, para ela, a filosofia teosófica significava algo prático, abordando a condição humana e as condições da própria vida em todas as suas variadas formas. Foi feminista antes que o movimento do direito das mulheres tivesse sido integralmente promulgado, foi ambientalista antes que ecologia se tornasse uma palavra comum; defendia a liberdade quando a metade do mundo estava presa aos grilhões do colonialismo.

Através de todo o seu trabalho, todavia, fluiu uma única linha de pensamento, uma preocupação pela vida interior. Na sua infância, conforme salientado em sua autobiografia, isto se revestiu na forma de uma profunda consciência mística, na percepção de algo internamente presente nos lugares recônditos do ser. Quando adulta, esse sentido místico revestiu-se de outras formas e, no pensamento teosófico, ela encontrou novo meio de expressão. Na ocasião em que ela se filiou à Sociedade, estava imersa na visão materialista que prevalecia, de modo tão acentuado, na última parte do século XIX, visão essa que não está de todo fora de moda em nossos dias. O enfoque teosófico da natureza humana, contudo, trouxe-lhe a compreensão de que existem dimensões espirituais da nossa natureza, dimensões subjacentes à expressão material em forma física. Ela compreendeu de imediato esta visão, reconhecendo-lhe a validade tanto pelas suas aplicações práticas em nossas vidas, como também pela promessa que continha no sentido de nosso crescimento e desenvolvimento futuro. Agora era o bem-estar espiritual da humanidade que absorvia sua atenção, de modo igual ou até mais intenso que o bem-estar físico ou intelectual dos seus conterrâneos.

A presente coletânea de alguns de seus escritos e palestras nos fornece ampla evidência daquela preocupação básica pela vida interior do indivíduo e do seu reconhecimento de que a consciência precisa ser modificada a partir do interior das pessoas para que as condições externas possam ser aperfeiçoadas. A republicação dessa obra, primeiramente editada há quase setenta anos, demonstra que os escritos de Annie Besant neste campo são tão relevantes hoje quanto o foram ao terem sido escritos e pronunciados pela primeira vez. Apesar dos numerosos movimentos, encorajados por aquilo que vem sendo chamado de "Nova Era" ou "Era de Aquário", a humanidade ainda está em uma busca do significado, da compreensão das verdades mais profundas daqueles segmentos da vida aos quais o termo "espiritual" geralmente se refere. Acima de tudo, formula-se, ainda, a seguinte pergunta: será que podemos viver e trabalhar no mundo como ele é e ao mesmo tempo conduzir uma vida espiritual e, portanto, significativa? E como corolário: existirá uma forma de vida, uma ética, que nos ajude em nossa busca por sabedoria? As respostas da Dra. Besant a essas perguntas, bem como a perguntas semelhantes que surgem na mente do estudante sério, falam-nos hoje da mesma maneira como o fizeram para suas audiências de períodos anteriores. Quando as respostas provêm de um coração que transborda de compaixão pelos sofrimentos da humanidade, quando fluem de uma tradição de sabedoria que é atemporal em sua essência, então essas respostas são atemporais, pois nos lembram que dentro de nós encontra-se a própria verdade que procuramos.

Vários capítulos são palestras proferidas pela Dra. Annie Besant em várias ocasiões e localidades. Uma grande parte dos capítulos é extraída da revista que ela editou com seu colega, o grande erudito clássico G.R.S. Mead. Esta revista, *The Theosophical Review*, publicada em Londres, era conhecida pelo nome de *Lucifer*[2], uma revista iniciada e editada por H.P. Blavatsky. A Dra. Besant, porém, alterou-lhe o nome em virtude das conotações infelizes que muitas pessoas

---

2 O Planeta Vênus, considerado como a brilhante "Estrela Matutina". Antes de Milton, Lucifer jamais designara o Demônio; muito pelo contrário, pois Cristo – O Salvador, proclamou-se, no Apocalipse (XVI 22): "Eu sou a brilhante Estrela da Manhã", ou *Lucifer* (que vem de *Luciferus*, portador da luz, aquele que ilumina, e corresponde exatamente a palavra grega *Phosphoros*). *Glossário Teosófico*, Editora Ground, H. P. Blavatsky. (Nota Ed. Bras.)

de sua época lhe estavam atribuindo. Contudo, fiel ao seu nome original, a revista, sob a direção de Besant e Mead, foi uma "tocha de luz", como o foi a própria Dra. Besant, para as incontáveis milhares de pessoas cujas vidas ela auxiliou.

Dois dos capítulos desta obra merecem especial atenção. Os capítulos IX e X foram palestras apresentadas por Annie Besant no Parlamento das Religiões Mundiais, um congresso excepcional que se realizou juntamente com a Feira Mundial Colombiana em Chicago, em 1893. O então Presidente da Sociedade Teosófica, Cel. H. S. Olcott, havia delegado ao Sr. William Q. Judge, secretário da Seção Americana da Sociedade Teosófica, sua representação oficial, e havia designado Annie Besant como enviada especial para falar em nome da Sociedade. Suas palestras foram tão brilhantes que lotaram os salões que haviam sido designados para a Sociedade na ocasião. O Dr. Jerome Anderson, diretor responsável pelo *Pacific Theosophist*, ao relatar sobre as suas palestras, observou que raramente fluiu maior manifestação de eloquência de lábios humanos do que a observada em Annie Besant. Abordando o significado do altruísmo, ela realçou um ponto básico, tão essencial para as novas vidas atuais como sempre tem sido: que o nosso dever supremo é o de acompanhar a lei universal da vida, o serviço à humanidade. De especial relevância em nossa época, são as palavras de encerramento de sua segunda palestra no Parlamento: "...nação nenhuma pode perdurar se não tiver fundações divinas... A escolha é sua, e, como expressam, a América dos séculos vindouros abençoa-los-á por sua vida ou condena-los-á por seu fracasso; porque vocês são os criadores do mundo, e tudo realizar-se-á de acordo com a sua vontade."

Se hoje nos encontramos no limiar de uma nova ordem mundial, abandonando o conflito e a violência e visualizando um mundo de beleza e de paz, então este livro pode nos despertar para nossas responsabilidades como criadores de um mundo assim. Pode estimular-nos a viver o tipo de vida espiritualmente fundamentado e internamente orientado, assegurando que prevaleça a harmonia entre os povos e entre as nações.

Joy Mills

1

A VIDA ESPIRITUAL NO MUNDO

Uma reclamação que constantemente ouvimos de pessoas sérias e zelosas contra as circunstâncias de suas vidas é talvez uma das mais fatais: se as minhas circunstâncias fossem diferentes do que são na realidade, quanto mais eu poderia realizar; se apenas não estivesse tão envolvido nos negócios, tão preso a ansiedades e cuidados e tão ocupado com o trabalho mundano, então eu seria capaz de ter uma vida mais espiritual.

Ora, isto não é verdade. Nenhuma circunstância pode jamais favorecer ou frustrar o desenvolvimento da vida espiritual. A espiritualidade não depende do meio; depende da atitude da pessoa em relação à vida.

Gostaria de mostrar-lhes o caminho que o mundo poderia tomar para servir à espiritualidade ao invés de encobri-la, como, com frequência, o faz.

Se as pessoas não compreendem a relação entre o material e o espiritual; se separam um do outro como incompatíveis e hostis; se colocam a vida do mundo de um lado e a vida do espírito de outro, como rivais, antagonistas e inimigas, então a natureza premente das ocupações mundanas, os poderosos choques do ambiente material, o constante fascínio da tentação física e a ocupação do cérebro por cuidados físicos, todos esses fatores podem tornar irreal a vida do espírito. Afiguram-se como a única realidade, e nós precisamos encontrar alguma forma de alquimia ou mágica, por meio da qual a vida do mundo poderá ser vista como irreal, e a vida do espírito, a única realidade. Se pudermos fazer isto, a realidade expressar-se-á através da vida do mundo, e essa vida tornar-se-á seu meio de expressão e não uma venda sobre os olhos, uma mordaça a paralisar a respiração.

Ora, você sabe com que frequência foi respondida negativamente, no passado, a questão sobre uma pessoa poder conduzir uma vida espiritual no mundo.

Em todos os países, em todas as religiões, em todas as épocas da história mundial, ao formular-se essa pergunta, a resposta tem sido negativa – o homem ou a mulher do mundo não podem conduzir uma vida espiritual. Esta resposta vem desde os desertos do Egito, das selvas da Índia, dos mosteiros e dos conventos dos países católicos, em todos os países e locais onde as pessoas tentaram encontrar Deus afastando-se da companhia dos outros. Se, para conhecer Deus e para conduzir a vida espiritual, é necessário fugir do convívio humano, então esta vida é impossível para a maioria de nós, pois as circunstâncias nos impedem de viver a vida mundana e de nos adaptar às suas condições, sem separarmos o sagrado do profano.

Gostaria de dizer-lhes que esta ideia baseia-se em um erro fundamental, amplamente nutrido em nossa vida moderna, não por indicar a vida reclusa na selva ou no deserto, em cavernas ou mosteiros, mas por indicar que o religioso e o secular precisam ser mantidos à parte. Esta tendência surgiu em virtude de a forma moderna separar o assim chamado sagrado daquilo que é denominado profano. As pessoas mencionam o domingo como sendo o Dia do Senhor, como se os demais dias não fossem igualmente destinados a servi-Lo. Designar um dia como o Dia do Senhor significa negar esta mesma qualidade divina aos demais dias da semana, e colocar seis segmentos da vida fora do âmbito espiritual, permanecendo apenas um segmento reconhecido como sendo dedicado ao Espírito. E, assim, as abordagens usuais da história sagrada e da história profana, a educação religiosa e a educação secular, todas essas expressões, tão comumente usadas, hipnotizam a mente pública, criando uma falsa visão do Espírito e do mundo. A maneira correta é dizer que o Espírito é a vida, o mundo, a forma, e esta precisa ser a expressão da vida; do contrário, teremos um corpo destituído de vida e uma vida separada de todos os meios de ação efetiva.

Gostaria de abordar, de forma ampla e vigorosa, o fundamento do que creio ser o pensamento correto e sadio neste assunto. O mundo é o pensamento de Deus, a expressão da Mente Divina. Todas as atividades úteis representam formas de Atividade Divina. As rodas do mundo são giradas por Deus, e nós somos apenas Suas mãos que tocam a roda. Todo o trabalho feito no mundo é o trabalho de Deus apenas. Tudo que serve à humanidade e auxilia nas atividades do mundo é visto corretamente como Atividade Divina, e, de modo errado, quando chamado de secular ou profano. O funcionário atrás do balcão e o médico no hospital participam, da mesma maneira, de uma atividade divina como qualquer pregador em sua igreja. Até que isto seja compreendido, o mundo será vulgarizado, e até que possamos ver uma vida em toda parte e tudo nela enraizado, seremos nós a demonstrar uma atitude desesperançosamente profana, cegos à visão beatífica, que é a da vida una em toda parte, e do todo como expressão daquela vida.

Divindade em Toda Parte

Uma antiga escritura indiana diz o seguinte: "Eu criei este Universo com um fragmento de mim e eu permaneço." Ora, se existe apenas uma vida da qual você e eu participamos, um pensamento criador pelo qual foram formados e mantidos os mundos, então, por mais poderosa que possa ser a Existência Divina, por mais verdadeiro que seja o fato de a Divindade transcender a manifestação, apesar de tudo isto, ainda assim a manifestação será divina. Ao compreendermos esta realidade, tocamos os pés de Deus. Se é verdade que Ele está em toda parte e em tudo, Ele está tanto no mercado quanto no deserto, tanto no escritório quanto na selva, e é tão facilmente encontrado nas ruas de uma cidade repleta de pessoas como na solidão de um pico de montanha.

Não quero dizer que não seja mais fácil para você e para mim percebermos a grandeza divina no esplendor de montanhas cobertas de neve, na beleza de alguma floresta de pinheiros e na profundidade de algum secreto e maravilhoso vale onde a Natureza fala numa voz que pode ser ouvida. Quero dizer que ouvimos mais claramente nesses lugares do que em outros, porque em geral somos surdos, e não porque a voz divina não fale.

É uma fraqueza nossa que a agitação e o alvoroço da vida na cidade nos tornem surdos para a Voz que está sempre falando. Se fôssemos mais fortes, se os nossos ouvidos fossem mais aguçados, se fôssemos mais espiritualizados, então poderíamos encontrar a Vida Divina tão prontamente na agitação de uma avenida em uma grande cidade, como na cena mais bela que a Natureza jamais apresentou, na solidão da montanha ou na magia do céu da meia-noite. Este é o primeiro ponto a ser compreendido – que não encontramos porque nossos olhos estão toldados.

Atrações Mundanas

Vejamos, agora, quais são as condições em que o homem ou a mulher do mundo podem conduzir a vida espiritual, porque existem tais condições. Vocês já se questionaram por que são encontrados em toda a parte os objetos que os atraem, que desejam possuir? Os seus desejos respondem à beleza exterior, à atração dos intermináveis objetos que estão espalhados pelo mundo. Se não fossem destinados a exercer esta atração, lá não estariam; se fossem de fato obstáculos, por que deveriam ter sido colocados em nosso caminho? Pelas mesmas razões que uma mãe, desejosa de fazer seu filho caminhar e exercitar-se, agitará, diante de seus olhos, um pouco fora do seu alcance, um brinquedo chamativo, algo que atraia a sua atenção. Os olhos da criança voltam-se para o objeto, e a criança deseja segurá-lo. Tenta levantar-se, cai, torna a levantar-se, esforça-se para andar, luta para alcançá-lo. O valor da atração não está no brinquedo, que em dado momento a criança alcançará, amassará e irá descartar, desejando algo mais, mas sim no estímulo à vida interior, que faz com que se esforce para mover-se a fim de conquistar o prêmio chamativo que vai desprezar após a conquista.

O grande coração materno pelo qual somos treinados está sempre exibindo à nossa frente algum objeto atraente, algum prêmio para o espírito infantil, exteriorizando as forças que se encontram no interior. Para induzir ao exercício, a fim de realizar o esforço através do qual somente aquelas forças no sentido interior virar-se-ão no sentido exterior para a manifestação, somos estimulados, persuadidos e induzidos a fazer esforços pelos infindáveis brinquedos da vida, espalhados por todos os lados. Lutamos, esforçamo-nos por alcançá-los. Por fim, nós os alcançamos e os seguramos. Depois de um curto espaço de tempo, a linda maçã transforma-se em cinzas, conforme a fábula de Milton, e o prêmio, que parecia ser tão valioso, perde toda a sua atenção, torna-se destituído de valor, e deseja-se algo diferente. Desta maneira crescemos. O resultado está em nós próprios, algum poder foi exteriorizado, alguma faculdade foi desenvolvida, alguma potencialidade interior passou a ser uma força manifesta, alguma capacidade oculta passou a ser uma faculdade em ação. É este o objetivo do Instrutor Divino. O brinquedo é deixado de lado quando o resultado do exercício para conquistá-lo for atingido.

Assim passamos de um ponto para o outro, de um estágio de evolução para o seguinte. Muito embora você não compreenda a totalidade da beleza e do esplendor do Plano Divino até que acredite no grande fato do renascimento contínuo e da experiência em eterna continuidade, assim, mesmo em uma breve vida, você sabe que conquista através de sua luta e não pelas suas realizações, e que a recompensa da luta reside no poder que você detém. Nas palavras de Edward Carpenter, um escritor inglês do século XIX, limitadas na sua expressão caso você não acredite em reencarnação: "toda a dor que eu sofri em um corpo foi uma força que exerci no seguinte." Até mesmo no curto período do berço ao túmulo, você pode traçar a atividade da Lei. Você cresce, não por aquilo que ganha de frutos externos, mas pelo desabrochar interior necessário ao seu êxito na luta.

Ora, se a longa experiência natural tornou a pessoa sábia, então esses objetos perdem o seu poder de atração. A primeira tendência será de abandonar o esforço; mas isso significaria estagnação. Quando os objetos do mundo passam a ter um pouco menos de valor, então terá chegado o momento de procurar nova motivação. A motivação para ação na vida espiritual é, em primeiro lugar, realizar uma ação por constituir dever e não para ganhar a recompensa pessoal que dela advenha. Consideremos o exemplo de um homem ou mulher do mundo e de uma pessoa espiritualizada e vejamos o que é necessário para transformar um no outro. Eu considero como exemplo um homem do mundo que está amealhando alguma enorme fortuna e que coloca o dinheiro diante de si como único objetivo da vida. Isto é comum.

Agora, por um momento, façamos uma pausa para analisar a vida do homem que está determinado a ser rico. Tudo está subordinado àquele objetivo único. Ele deverá dominar o seu corpo porque, se o corpo for o seu mestre, toda semana e mês perderá o dinheiro poupado com esforço, no luxo dos prazeres do corpo; o dinheiro que ele deveria reter a fim de ganhar mais. Assim, a primeira coisa que terá de fazer é dominar o corpo, ensinar-lhe a enfrentar dificuldades, aprender a viver frugalmente, a suportar a adversidade; não pensar sequer em dormir, viajando toda a noite, se isto for necessário para que ele obtenha algum contrato rentoso; não parar para perguntar se deve descansar-se, por frequentar uma festa à meia-noite, fizer uma amizade que lhe possibilitará ganhar mais dinheiro por influência. Repetidas vezes na luta pelo ouro, o homem precisará ser o mestre deste corpo externo que enverga até que este não tenha voz para determinar a sua linha de atividade. Passa a ser um instrumento obediente à vontade dominadora e às exigências do cérebro. A primeira coisa que aprende é a conquista do corpo.

Depois, aprende a concentração da mente. Se ele não estiver concentrado, os seus rivais o dominarão na luta do mercado. Se a sua mente vagar, aqui e acolá, indecisa, um dia tentando um plano, outro dia tentando outro plano, sem perseverança e sem esforço deliberado e contínuo, aquele homem fracassará. O objetivo que deseja alcançar ensina-lhe a concentrar a sua mente; ele a focaliza em um ponto e a mantém ali enquanto for necessário; será estável em seu esforço mental perseverante, e a sua mente tornar-se-á cada vez mais forte, mais aguçada, mais sob seu controle. Ele não apenas aprendeu a controlar o seu corpo, mas também a controlar a sua mente.

Será que ele ganhou algo mais? Sim, força de vontade; somente a força de vontade poderá proporcionar êxito em uma luta dessa natureza. A alma cresce e torna-se poderosa no esforço de realização. Em breve aquele homem, com seu corpo dominado, sua mente bem controlada e sua vontade poderosa, conquista o seu objetivo e segura seu ouro. E depois? Depois ele verifica que não pode, realmente, fazer muito do ouro para criar felicidade para si mesmo; que tem apenas um corpo para vestir, uma boca para alimentar, que não pode multiplicar as suas necessidades com o suprimento enorme que pode obter e que, afinal, seu poder de obter felicidade é muito limitado.

O seu ouro passa a ser um fardo ao invés de uma alegria. As primeiras delícias da realização de seu objetivo tornam-se insípidas, e ele se sente saturado com a posse até que, em muitos casos, ele nada pode fazer, senão por força do hábito, acumular cada vez mais lingotes de ouro inútil. Isto passa a ser um pesadelo ao invés de um deleite; aniquila o homem que o conquistou.

Ora, o que transformará aquele homem em uma pessoa espiritualizada? Uma mudança em seu objetivo – isto é tudo. Que o homem, nesta ou em outra vida, desperte para a compreensão da ausência de valor do ouro acumulado; que ele veja a beleza do servir humano; que deslumbre o esplendor da Ordem Divina. Deixemos que compreenda que tudo que vale a pena fazer na vida é doá-la como parte da grande vida, a qual sustenta os mundos.

O poder que este homem adquiriu sobre o corpo, a mente e a vontade torna-lo-á um gigante no mundo espiritual. Ele não precisa modificar estas qualidades, mas terá que se libertar do egoísmo, da indiferença à dor humana, da intrepidez com que oprimiu seu irmão para poder elevar-se aos píncaros da riqueza às custas da fome de milhares. Ele terá de mudar o seu ideal, do egoísmo para o serviço, da força usada para dominar à força usada para soerguer.

No gigante do mercado financeiro poderemos encontrar a pessoa espiritualizada. A sua vida está consagrada à humanidade e ela apenas detém poses para servir e ajudar. O fato de uma pessoa pertencer ao mundo mundano ou ao espiritual depende da diferença de objetivo, da diferença de motivação e não da diferença da vida exterior.

A Troca de Motivação

Há pouco mencionei a palavra "dever", pois constitui o primeiro passo. Não importa qual possa ser a natureza do seu trabalho no mundo se você começar a realizá-lo, não porque ele traz o seu sustento – embora nada haja com que se envergonhar neste sentido – mas porque, de forma lenta, gradual e progressiva, ele precisa ser realizado por você, sem que queira ganhar algo para si. Desta forma, você estará dando o primeiro passo na direção da vida espiritual, estará trocando sua motivação; todas as atividades do seu dia terão um novo objetivo.

O dever precisa ser cumprido; as rodas do mundo precisam ser mantidas em movimento. Homens e mulheres precisam ser alimentados através das diferentes atividades comerciais; os doentes precisam ser curados, os ignorantes precisam ser instruídos, a justiça deve ser procurada entre os fortes e os fracos, entre ricos e pobres. Sob essa perspectiva, portanto, o comerciante, o médico, o advogado, o professor, todos podem passar a ter uma nova visão da vida e poderão dizer: esta atividade, na qual estou empenhado, faz parte do grande trabalho do mundo que é divino. Eu estou nele para realizar esse trabalho, e o meu dever reside no cumprimento perfeito das minhas tarefas. Eu ensinarei ou curarei, argumentarei ou negociarei, ou estabelecerei relações comerciais de todas as espécies não apenas pelo dinheiro que trazem ou pelo poder que geram, mas para que o grande trabalho do mundo possa ser continuado de forma valorosa; e que o trabalho possa ser realizado por mim como servo de uma vontade superior à minha própria, ao invés de para o meu próprio ganho e lucro.

Este é o primeiro passo, e não há pessoa alguma que não possa dá-lo. Você pode realizar o seu trabalho da mesma maneira, mas pode acrescentar-lhe um novo espírito. Você o realiza porque se trata do seu trabalho no mundo, da mesma maneira como o servo realiza uma tarefa para o seu mestre por lhe ser assim solicitado e por sua lealdade exigir-lhe que o faça bem. Então, cada valor acrescentado em um livro de contabilidade, cada venda de um artigo em uma loja seriam atos realizados com esta sublime ideia em mente: eu o faço como parte do trabalho do mundo, e este é o dever que me cabe cumprir. Seria considerado como emanando diretamente da Grande Vontade pela qual os mundos se movem, como sendo a sua parcela da Atividade Divina, sua parte no trabalho universal; e o arcanjo mais poderoso e mais brilhante dentre todos nada mais pode fazer senão realizar o que lhe cabe no desempenho da Vontade Divina. George Herbert (poeta e clérigo inglês, 1593 - 1633) expressou a verdade ao mencionar que quem varre uma sala em nome da glória de Deus enobrece aquela ação. Esta é a vida espiritual, onde tudo é feito pelo dever, pelo Eu superior, em vez do inferior.

Isto nem sempre é fácil. Não podemos fugir às nossas responsabilidades, deixando a tarefa por fazer, pensando que os olhos do Mestre não estão lá, pois, na verdade, estão em toda a parte e Ele jamais adormece. Não devemos executar mal o trabalho, porque não é este o procedimento de um dos Artífices Divinos, mas apenas o de um operário ignorante e desajeitado. Arte é apenas realizar com perfeição aquilo que você faz, e Deus é sempre um artista. Não há nada, por menor que seja, mesmo um animal visto somente através de um microscópio, que não seja perfeito em sua beleza. Quanto mais detidamente você o examina, tanto mais extraordinário se torna. Nas diatomáceas minúsculas que você apenas pode ver através do microscópio, cada diminuta carapaça é esculpida com padrões geometricamente perfeitos – para quem? Para a satisfação daquele sentido de perfeição que é um dos elementos divinos tanto em Deus como nos seres humanos. Não aquilo que você faz, mas como o faz, elaborado na maior perfeição até os limites permitidos por sua habilidade, este é o teste do caráter de uma pessoa; e, pelo trabalho, você pode conhecer o caráter de quem o realiza.

Isto parece não ter importância quando trazido ao Universo de seu próprio lar, loja ou escritório. Analisadas individualmente, essas tarefas parecem pequenas, mas suponhamos que todos as realizassem. Como se configuraria, então, a face do mundo? Não haveria trabalhos mal feitos, nenhum produto imperfeito no mercado, nada seria adulterado; nada que não fosse aquilo que se pretendia; o valor nominal e o valor real seriam sempre idênticos; cada casa seria construída com perfeição; cada escoamento seria instalado com perfeição; tudo feito tão bem quanto permitissem a habilidade e a força de seu autor. Um mundo assim parece conto de fadas, uma utopia impossível, mas seria esse o resultado se todos os indivíduos cumprissem os seus deveres de forma tão perfeita quanto as suas potencialidades o permitissem. Este é o primeiro passo na direção da vida espiritual. Ele não está fora do seu alcance; está próximo de todos.

Autossacrifício

Mas isto não é tudo; existe um estágio mais elevado da vida espiritual. É como sentir-se um colaborador do Divino no mundo, realizando um grandioso trabalho, entrelaçando-o ao trabalho universal em todo este majestoso sistema de mundos e universos, e também, nas palavras de Emerson, conduzir "sua carruagem até uma estrela em vez de conduzi-la a alguma parada miserável ao longo do caminho". Porém mesmo isto não é a façanha mais esplendorosa que você pode atingir, porque existe algo ainda maior que o dever, e surge quando toda a ação é realizada como sacrifício[3].

---

3 Provém do latim *Sacer* (Sagrado, santo), algo que é oferecido ao Divino com humildade e reverência. A ação feita como sacrifício significa a ação que não visa resultados pessoais – a reta ação – ou seja, realizar cada ato como uma oferenda ao Supremo. Tal atitude interior purifica e liberta a mente da escuridão

Ora, o que significa isto? Não haveria mundo, você e eu não existiríamos se não tivesse havido um sacrifício inicial, pelo qual um fragmento do Pensamento Divino revestiu-se de matéria, restringindo-se a si mesmo a fim de que você e eu pudéssemos nos tornar divinos de forma autoconsciente. Existe uma profunda verdade naquele grande ensinamento cristão do cordeiro imolado - Quando? No Calvário? Não, "desde a fundação do mundo." Esta é a grande verdade do sacrifício. Sem sacrifício divino, não há Universo. Sem autolimitações divinas, não haveria qualquer mundo a preencher o espaço. Tudo é sacrifício, o sacrifício do amor que se autolimita de maneira que outras pessoas possam adquirir existência autoconsciente, regozijando-se na perfeição de sua própria divindade primordial. Como a vida do mundo é baseada no sacrifício, toda vida verdadeira é também sacrificial; e quando toda a ação é feita como sacrifício, então a pessoa torna-se um ser espiritual, perfeito.

Isto é uma tarefa difícil, muito embora o primeiro estágio não seja tão penoso. Podemos tornar úteis as nossas vidas, mas como é difícil, após estarmos completamente dedicados a algum trabalho útil, ter a capacidade de ver aquele trabalho desmanchado em pedaços e olhar para as suas ruínas em tranquilo contentamento. Esta é uma das significações pela qual a palavra "sacrifício" é compreendida. Você pode lançar toda a sua vida em algum trabalho bom, pode concentrar toda a sua energia em algum grande empreendimento, você pode labutar, construir, planejar e preparar o empreendimento por você concebido como a mãe cuida do filho no ventre. Depois, tudo se desagrega e se fragmenta ao seu redor, falha, não cresce, fenece. Pode você estar contente com tal resultado? Depois de anos de labuta, de concentração, de sacrifício, pode você ver tudo se arruinar, transformar-se em pó e nada mais permanecer? Caso você não tenha essa capacidade, então estará trabalhando para você mesmo, e não como parte integrante da Atividade Divina. Por mais cingido com o amor de outros que o seu empreendimento possa ter sido,

---

do egoísmo e aproxima o ser humano do Deus oculto em seu coração. (Nota Ed. Bras.)

foi o seu trabalho e não o trabalho de Deus e, portanto, você sofreu quando terminou, porque, se fosse realmente um trabalho de Deus e não o seu, se fosse um sacrifício e não sua própria posse, você saberia que tudo que ali havia de bom deveria inevitavelmente integrar-se nas forças do bem no mundo; que, se Ele não quisesse a forma que você construiu, você preferiria que findasse, e a vida imperecível seguisse em outras formas que melhor se adaptassem ao Plano Divino, operando no grande esquema da evolução.

Gostaria de expressar esse ponto de outra maneira, e você verá exatamente o que quero dizer, talvez de forma menos abstrata. Consideremos um exército que aguarda o ataque de um inimigo maior e mais forte do que ele próprio. O comandante-chefe traça o esquema da batalha, destaca um regimento para um lugar e outro regimento para outro; estabelece um grande plano que abrange o todo. Surge o dia da batalha. O general envia um mensageiro a galope para ordenar a algum jovem capitão de um dos regimentos: "Ataca o forte que está à sua frente, tome-o e retenha-o até que receba instruções para deixá-lo". O jovem capitão, com seu pequeno grupo de jovens soldados olha para o forte e sabe que não pode tomá-lo; vê que o fracasso é inevitável. Sabe que significa mutilação e morte para os homens sob seu comando. Compreende que, se cumprir a ordem integralmente, nenhum homem daquele pequeno grupo poderá ver o alvorecer. Todos serão lançados à morte, que lhes advirá à medida que lutarem morro acima até o inexpugnável forte no cume.

Ele vê tudo isso. Será que ele hesita? Se o fizer, será considerado traidor, tornar-se-á desonrado e desprezado. Reúne os seus homens e diz: "Recebemos ordens para tomar o forte!" Eles atacam e são dizimados. Novamente atacam; resta, agora, um décimo do seu efetivo sobre a encosta. Lançam-se ao ataque reiteradas vezes até que nenhum homem permanece em pé para retomar a investida.

Neste ínterim, em outro lado do campo, o plano do general foi bem sucedido; a atenção do inimigo esteve ocupada por este punhado de homens decididos que seguiam para a morte. A estratégia funcionou porque, enquanto o inimigo ocupava-se com a esperança perdida, o plano de seus camaradas era executado no outro lado. Por fim, ao pôr-do-sol, o exército é vitorioso, embora aqueles homens estivessem todos mortos ou morrendo na quebrada do morro.

Teriam eles fracassado? Parece ser um fracasso estar ali, deitado, à morte ou já morto; seguramente os homens fracassaram. Mas quando for escrita a história da batalha, quando a nação agradecida elevar um monumento à memória dos conquistadores daquela batalha, naquele monumento serão gravados, em letras douradas e imperecíveis, os nomes dos homens que morreram e tornaram possível a vitória para os seus camaradas, tendo aceitado para eles próprios a derrota.

Vocês compreendem minha parábola. Não há fracasso quando o Comandante-Chefe é o Arquiteto Divino do Universo; não há fracasso, apenas êxito inevitável. E todos aqueles que são chamados ao sacrifício não sentirão orgulho de que o plano possa ser cumprido? Não há fracasso porque a vitória está sempre do lado divino. O que importa se você e eu parecemos fracassados; o que importa se os nossos planos desimportantes desmancham-se em nossas mãos; se os nossos empreendimentos do momento são considerados inúteis e deixados de lado? A vida que neles concentramos, a devoção com que realizamos seu planejamento, a energia com que nos lançamos ao seu cumprimento, o sacrifício com que os oferecemos ao êxito da poderosa totalidade, tudo isso nos consagra como trabalhadores sacrificiais junto à Divindade. Nenhuma glória é maior do que a glória do fracasso pessoal que assegura o sucesso universal. Em verdade, isto é apenas para os fortes, apenas para os heróis. É o seu trabalho e o seu deleite. Mas até mesmo ser capaz de ver o belo nisto implica trazer um pouco de beleza para nossas vidas, pois ver algo assim tão nobre significa começar a trazer aquela nobreza para sua própria vida. O mero reconhecimento do esplendor de um ideal representa o primeiro passo em direção ao começar a transformar-se em sua imagem.

Trazendo o Ideal Divino para o Mundo

Agora suponhamos que você e eu ajustemos nossas vidas a esta forma que eu, inadequadamente, procurei esboçar. Tornar-nos-emos a pessoa espiritual que vive no mundo, aos poucos modificando-o segundo o desígnio do Ideal Divino, tornando-o cada vez mais o Pensamento Divino manifesto em perfeição. Esta é a ideia central, então, que transformará o homem ou a mulher do mundo na pessoa espiritual, e é no mundo que isto pode ser melhor realizado. A vida em reclusão nunca é a última vida de um Salvador. Às vezes, tal vida será uma entre muitas pelas quais ele passa a fim de reunir experiência universal - um período para concentração de forças e acúmulo de potencialidades a serem usadas posteriormente. Mas a vida dos Cristos da raça é a vida no mundo e não no retiro. Embora possamos, por vezes, proveitosamente, retirar-nos, o Deus manifestado caminha por entre as multidões, pois apenas ali há o grande trabalho a ser feito, as provas a serem enfrentadas e as potencialidades que precisam desabrochar. Quando todas as nossas potencialidades forem exteriorizadas, quando todos nós formos Cristos, poderemos deixar a vida exterior do mundo para tornarmo-nos parte de sua vida interior que configura e molda a primeira. Mas aqueles que estão apenas crescendo àquela estatura terão de crescer conforme a lei do crescimento, e esta é a lei da experiência. Apenas os perfeitos podem ultrapassar o véu e dali irradiar energias espirituais desenvolvidas para a vida do mundo.

Parece não haver sequer um de nós que não possa começar a viver a vida verdadeiramente espiritual. O mundo será tanto melhor para nele vivermos quanto mais rapidamente nos desenvolvermos por nosso esforço, uma vez que se apenas pensássemos sobre isto, estaríamos trabalhando para transformar nossa própria vida em uma imagem perfeita, a imagem do Divino manifesto em humanidade. Não é que o Divino não esteja dentro de você; se não estivesse, como você poderia desenvolvê-lo? O ideal precede a manifestação; o pensamento cria a forma; e, em todos nós está, por assim dizer, a imagem divina adormecida. A sua tarefa consiste em fazer com que esta imagem se manifeste. Assim, você será o homem ou a mulher espiritual.

Venha comigo para o estúdio de algum grande escultor, não um mero cortador de mármore, mas um daqueles gênios que mostram o mármore vivo e o ideal em uma forma perfeita. Como trabalha aquela pessoa? Pensa você que ele está esculpindo uma estátua no mármore? Ele não está fazendo nada desse gênero. Está libertando uma estátua oculta na pedra e removendo a camada superior inútil que oculta a verdadeira beleza do ideal por ele visto. É este o escultor de talento. No bloco bruto, que é tudo que você e eu podemos ver com a nossa visão limitada, ele vislumbra a estátua perfeita aprisionada dentro da rocha, e a cada golpe de macete, a cada suave toque do cinzel, ele traz mais um pouco aquele prisioneiro à liberdade, o seu ideal mais próximo à manifestação.

Assim acontece conosco: somos blocos brutos de mármore enquanto vivemos aqui no estúdio do mundo; muitos de nós, brutos e carentes de lapidação, com a divindade em nosso interior oculta como a estátua dentro do bloco. Você e eu somos escultores e através de nossa vida aquela estátua deverá tornar-se manifesta, aquela beleza aprisionada será posta em liberdade. Com o macete da vontade e o cinzel do pensamento devemos remover toda aquela rocha sobreposta e inútil que oculta a divindade viva dentro de nós, que esconde a sua glória não-manifestada. Cada um de vocês é um escultor, formando e modelando aquilo que inevitavelmente serão em anos, em séculos futuros. Quanto maior a habilidade, maior o conhecimento e a força de vontade, de forma mais poderosa utilizarão o macete e o cinzel, e mais rápido virá o dia da libertação, mais próxima estará a manifestação do trabalho.

Não importa onde você possa estar, em que oficina deste grande mundo você possa encontrar-se em atividade, mantenha sempre em seu coração o ideal que deseja realizar. Sinta a presença da divindade aprisionada que apenas você tem o excepcional privilégio de poder libertar. Tome nas mãos as suas ferramentas, elimine a pedra inútil e liberte a magnífica estátua. Desta forma você se conhecerá, de modo autoconsciente, como você, na verdade, é – um ser humano à imagem de Deus.

2

ALGUMAS DIFICULDADES DA VIDA INTERIOR

Todos aqueles que tomam a firme decisão de se dedicarem à vida interior encontram determinados obstáculos logo no início do caminho. Esses obstáculos repetem-se na experiência de cada pessoa, tendo a sua raiz na natureza humana. Eles parecem ser novos e peculiares a cada peregrino, dando origem a uma sensação de desestímulo pessoal que mina a energia necessária para vencê-los. Se o neófito compreendesse que estes obstáculos fazem parte da experiência comum dos aspirantes, que são sempre encontrados e constantemente vencidos, este conhecimento poderia trazer-lhe algum ânimo. Uma mão que auxilia na escuridão, o som de uma voz a sussurrar "companheiro peregrino, eu percorri o caminho que você está trilhando agora, e ele é praticável", tais ações ajudam, como eu espero que também o farão estas palavras.

Uma dessas dificuldades foi-me apresentada há algum tempo por um amigo e companheiro de peregrinação. Relaciona-se com uma orientação dada sobre a purificação do corpo. Ele disse, de forma muito clara e verdadeira, que para a maioria de nós a dificuldade reside mais em nós mesmos do que em nossos instrumentos. Para a maioria de nós, nossos corpos são bastante satisfatórios ou, no máximo, requerem certo ajuste, enquanto que há uma necessidade desesperada de aprimorar a pessoa interiormente. Os músicos devem ser mais culpados do que seus instrumentos pela ausência da música suave e, se eles pudessem se aperfeiçoar, os seus instrumentos poderiam expressar sua competência. Os instrumentos são capazes de produzir tons muito melhores do que produzem no momento, mas estes tons dependem dos dedos que tocam as teclas. O meu amigo disse de forma suave e um tanto patética: "Eu posso conseguir que o meu corpo faça aquilo que quero; a dificuldade é que eu não quero".

Eis uma dificuldade percebida por todo aspirante sério. O nosso autoaprimoramento é tudo que se faz necessário, e o obstáculo de nossa fraqueza, nossa falta de vontade e tenacidade de propósito são de natureza muito mais obstrutiva do que a que pode ser posta em nosso caminho pelo corpo. Existem muitos métodos, conhecidos de todos nós, pelos quais podemos construir corpos de melhor tipo se quisermos fazê-lo, porém, nossa real deficiência está no "querer". Possuímos o conhecimento, reconhecemos ser adequada a implementação desses métodos, mas falta-nos o impulso para fazê-lo. Nossa dificuldade básica principal reside em nossa natureza interna; ela é inerte; está ausente o desejo de mover-se. Não é que os obstáculos externos sejam insuperáveis, mas é o ser interior que permanece apático, sem a mente para vencê-los.

Repetimos continuamente essa experiência. Parece haver falta de atratividade em nosso ideal; ele falha em atrair-nos. Não desejamos compreendê-lo, muito embora tenhamos intelectualmente decidido que sua realização é desejável. O nosso ideal encontra-se diante de nós como um alimento diante de uma pessoa que não tem fome; o alimento é por certo muito bom, e poderemos contentar-nos com ele amanhã, mas agora não o desejamos e preferimos permanecer descansando sob o sol ao invés de nos levantarmos e tomarmos posse dele.

O problema resume-se em duas questões: por que não quero aquilo que eu, como ser racional, vejo como sendo desejável e pleno de felicidade? O que posso fazer para que eu mesmo venha a desejar aquilo que sei que é melhor para mim e para o mundo? O instrutor espiritual que respondesse a essas questões de modo eficaz faria um serviço muito melhor a muitos do que aquele que reitera todo o tempo as vantagens abstratas de ideais que todos nós reconhecemos, e a natureza imperativa das obrigações que todos admitimos e desconsideramos. A máquina está aqui, não de todo deficiente. Quem poderá colocar a mão na alavanca e *fazê-la funcionar*?

A Consciência e os Seus Veículos

A primeira questão precisa ser respondida com uma análise de autoconsciência que possa explicar essa dualidade estonteante, o ato de não desejar aquilo que se nos apresenta como desejável. Dizemos que a autoconsciência é uma unidade e, mesmo assim, quando voltamos a nossa atenção para o interior, vemos uma multiplicidade surpreendente de "eus" e nos chocamos pelo chamado de vozes em oposição, todas aparentemente originando-se de nós próprios.

A consciência - e a autoconsciência nada mais é senão a consciência concentrada em um ponto definido que recebe e transmite - é uma unidade. Se ela se manifesta no mundo exterior em forma múltipla, isto não ocorre porque a consciência tenha perdido a sua unidade, mas porque ela ali se apresenta através de diferentes meios. Mencionamos muito os veículos da consciência, mas talvez nem sempre tenhamos em mente o que a expressão de fato implica. Se a corrente de uma bateria galvânica for conduzida através de uma série de diferentes materiais, a sua aparência será variada em cada fio. Na platina poderá aparecer como luz, no ferro, em forma de calor, ao redor de uma barra de ferro macio poderá apresentar-se como energia magnética, em certa solução química poderá ter a forma de uma energia que decompõe e recombina. Uma única energia está presente, mas ela se apresenta sob muitas formas, pois a manifestação da vida está sempre condicionada por formas.

Da mesma maneira como a consciência opera nos corpos[4] causal, mental, astral ou físico, o "eu" resultante apresenta muitas características diferentes. De acordo com o veículo que no momento estiver vitalizando, assim também será o "eu" consciente. Se estiver operando no corpo astral, será o "eu" dos sentidos; se estiver no mental, será o "eu" do intelecto. Por ilusão, oculto pelo material que o envolve, identifica-se com o anelo dos sentidos, o raciocínio

4 A Tradição Sabedoria distingue a Individualidade ou Eu Superior imortal, nesta edição, abreviado como "Eu" (*Self* no original), da personalidade ou eu inferior mortal, aqui abreviado como "eu" (*I* no original). (Nota Ed. Bras.)

do intelecto, e reivindica, "eu quero, eu penso". A natureza que está desenvolvendo as sementes da bem-aventurança e do conhecimento é o eterno Eu interior, e este constitui a raiz das sensações e dos pensamentos.

Em si, estas sensações e pensamentos são apenas as atividades transitórias nos corpos externos, originadas através do contato da vida interior com a vida exterior, do Eu com o não-eu. O Eu constitui centros temporários para a sua vida em um ou outro destes corpos, seduzido pelos estímulos exteriores que despertam sua atividade e, através de sua atuação nesses corpos, com eles se identifica. À medida que a evolução avança, que o Eu se desenvolve, ele descobre gradualmente que esses centros físico, astral e mental são os seus instrumentos e não ele próprio; encara-os como partes do "não eu" que temporariamente atraiu para com ele se unirem, da mesma maneira como se pode utilizar uma caneta ou um cinzel. O Eu se afasta deles, reconhecendo-os e usando-os como ferramentas que são. O Eu reconhece a si mesmo como vida e não forma, bem-aventurança e não desejo, conhecimento e não pensamento. Tal pessoa é, em primeiro lugar, consciente da unidade, e por ela mesma encontra a paz. Enquanto a consciência identifica-se com as formas, parece ser múltipla; quando ela se identifica como vida, projeta-se em forma una.

O Lugar da Sensação, da Mente e da Vontade

O próximo fato importante para nós, conforme destacou H.P. Blavatsky, autora da obra *A Doutrina Secreta*, é que no atual estágio da evolução a consciência tem o seu centro a princípio no corpo astral. A consciência aprende a conhecer, através de sua capacidade sensorial, as sensações que pertencem ao corpo astral. Nós sentimos; isto é, reconhecemos o contato com algo que não é nós mesmos, algo que faz surgir em nós o prazer ou a dor, ou seja, o ponto intermediário entre eles.

Esta vida de sensações caracteriza grande parte da vida da maioria. Para aquelas pessoas abaixo da média, esta vida das sensações constitui a vida toda. Para alguns poucos seres avançados, esta vida de sensações é transcendida. A grande maioria ocupa os diferentes estágios que se estendem entre a vida das sensações e aquela que as transcendeu: estágios compostos de sensações, emoções e pensamentos em diversas proporções.

Na vida inteiramente dedicada às sensações, não há multiplicidade de "eus" e, portanto, não há conflito; na vida que transcendeu este estágio, existe um Soberano Interior Imortal, e não há conflito. Mas em todas estas etapas intermediárias entre tais estados existem múltiplos "eus" e entre eles, conflito.

Consideremos esta vida de sensações como a encontramos naqueles cujo desenvolvimento ali se situa. Existe um "eu", apaixonado, anelante, determinado e sôfrego quando desperto para a atividade. Mas não há conflito, exceto com o mundo fora do corpo físico. Tais pessoas podem então lutar contra isto, mas elas não conhecem contendas internas. Fazem o que querem sem se questionarem antes ou sentirem remorsos depois. As ações do corpo obedecem aos estímulos do desejo, e a mente não desafia, não critica, tampouco condena. Ela meramente visualiza e registra, armazenando o material para elaboração futura. A sua evolução baseia-se nas exigências que lhe são feitas pelo "eu" das sensações, para aplicar as suas energias à gratificação daquele "eu" imperioso.

O Despertar da Mente

A mente é impulsionada à atividade por esses estímulos do desejo e começa a trabalhar no seu reservatório de observações e lembranças, desenvolvendo desta forma uma reduzida capacidade de raciocínio e planejando antecipadamente a gratificação daquele "eu". Assim, desenvolve a inteligência, mas esta está integralmente subordinada ao desejo, movimenta-se sob as suas ordens e representa o escravo da paixão. Não apresenta individualidade separada, mas é tão somente a ferramenta complacente do tirânico desejo – o "eu".

A contestação apenas se inicia quando, após uma longa série de experiências, o Eu Eterno desenvolveu a mente o suficiente para rever e fazer um balanço, durante a sua vida no mundo mental inferior, entre a morte e o nascimento, dos resultados de suas atividades terrenas. Destaca, então, determinadas experiências que resultaram em mais dor do que prazer, e chega à conclusão de que fará bem não repeti-las; considera-as com repulsa e registra esta repulsa firmemente em sua estrutura mental, ao passo que, de modo semelhante, registra a atração relativa a outras experiências que resultaram mais em prazer do que em dor. Quando o Eu Eterno regressa à Terra, traz esse registro como uma tendência interior da mente. Quando o "eu--desejo" se adianta na direção de um objeto atrativo, recomeçando um curso de experiências que resultou em sofrimento, introduz um fraco protesto. Um outro "Eu" – a consciência operando enquanto mente – faz-se sentir e ouvir com relação a essas experiências, externando repulsa e objetando a ser por elas arrastado.

O protesto é tão fraco e o desejo é tão forte que quase não podemos considerá-lo um conflito; o "eu-desejo", dominador de longa data, lança-se sobre o fraco rebelde em protesto. Mas quando o prazer termina e surgem os resultados dolorosos, o rebelde ignorado novamente eleva sua voz em um lamuriante "eu lhe disse isto", e este é o primeiro sinal do remorso.

Quando as vidas se sucedem, a mente afirma-se progressivamente, e o conflito entre o "eu-desejo" e o "eu-pensamento" acentua-se cada vez mais. O grito agonizante do místico cristão, "encontro uma outra lei nos meus membros, guerreando contra a lei da minha mente" é repetido na experiência de todo o Eu em evolução. A guerra torna-se cada vez mais ardorosa à medida que as decisões do Eu interior são impressas de modo mais acentuado na mente durante a vida no *Devachan*[5], surgindo como ideias inatas no nascimento subsequente e dando poder ao "eu-pensamento". Assim, o "eu", abstrain-

---

5 Um dos estágios intermediários entre duas vidas terrestres. O Céu ou Mansão de Bem-Aventurança. Literalmente traduzido, significa "morada resplandencente" ou "Mansão dos Deuses". É no *devachan* que permanece o Eu após a desintegração dos corpos mais grosseiros, enquanto extrai a essência das experiências úteis da última encarnação e a assimila nos corpos mais sutis, que resultará em novas faculdades na encarnação seguinte. (Nota Ed. Bras.)

do-se das paixões e das emoções, considera-as como estando fora de si mesmo e repudia sua reivindicação para controlá-lo. Mas a longa herança do passado está ao lado do monarca que seria destronado, e a guerra é dolorosa e indecisa. A consciência, em suas atividades voltadas para o exterior, facilmente penetra nos canais gastos e comuns dos hábitos de muitas vidas. Por outro lado, ela é desviada pelos esforços do Eu para assumir o controle e tomar os caminhos moldados como resultado de suas próprias reflexões.

A vontade interior determina a linha das forças da consciência que operam nos veículos mais superiores, enquanto o hábito em grande medida determina a direção daquelas que atuam no corpo do desejo. A vontade, guiada pela inteligência límpida, aponta para o ideal sublime que é vislumbrado como objeto digno de ser atingido. A natureza do desejo não quer atingi-lo, tem uma posição de letargia diante desse objeto, não vê a sua beleza, frequentemente repelida pelos contornos austeros de sua dignidade sóbria e refinada. "A dificuldade é que eu não *quero*". Nós não queremos fazer aquilo que, em nossos momentos mais elevados, resolvemos fazer. O "eu" inferior é movido pela atração do momento, ao invés dos resultados registrados no passado, os quais movem o "Eu" superior. A verdadeira dificuldade é fazer com que sintamos que o "eu" letárgico ou vociferante da natureza inferior não é o verdadeiro "Eu".

Como podemos vencer esta dificuldade? Como é possível tornar aquilo que sabemos ser o superior no "eu" autoconsciente habitual?

Que ninguém se sinta desestimulado pelo fato de esta mudança ser uma questão de crescimento e não poder ser realizada de uma hora para a outra. O Eu humano não pode, através de um esforço único, elevar-se à idade adulta desde a infância, da mesma maneira que qualquer corpo não pode transformar-se da infância à maturidade no decorrer de uma noite. Se o enunciado da lei do crescimento nos traz uma sensação de arrepio quando a consideramos como um obstáculo no caminho do nosso desejo por perfeição repentina, lembremo-nos do outro lado do enunciado: o crescimento é certo, ele não poderá ser evitado ao final. Se a lei recusa um milagre, por outro lado ela oferece segurança. Além disso, podemos acelerar o crescimento. Podemos proporcionar-lhe as melhores condições possíveis e confiar na ação da lei para obtermos nosso resultado.

Consideremos, então, os meios que podemos empregar para acelerar o crescimento que se nos afigura como sendo necessário para transferirmos a atividade da consciência do inferior para o superior.

O primeiro fato a compreender é que a natureza do desejo não é o nosso Eu, porém um instrumento criado pelo Eu para o seu próprio uso; e, em seguida, que se trata de um instrumento muito valioso, apenas sendo usado de forma deficiente. O desejo ou a emoção constituem a energia motora em nós, encontrando-se sempre entre o pensamento e a ação. O intelecto vê, porém não age. Uma pessoa sem desejos e emoções seria um mero espectador da vida. O Eu deve ter desenvolvido alguns de seus poderes mais sublimes antes que possa abandonar o uso dos desejos e das emoções; para os aspirantes, a questão é como usá-los, ao invés de ser usado por eles, como discipliná-los e não como destruí-los. Nós devemos "querer" atingir o mais elevado, porque sem este querer não fazemos progresso algum. Somos retidos por querermos unir-nos com objetos transitórios, inferiores e limitados. Será que não podemos lançar-nos à frente, querendo unir-nos ao permanente, ao nobre e ilimitado?

O Enobrecimento das Emoções

Com estas ponderações, vemos que o necessário é cultivar as emoções, direcionando-as de uma maneira que purificará e enobrecerá o caráter. A base de todas as emoções no lado do progresso é o amor, e esta é a força que precisamos cultivar. O novelista George Eliot bem disse: "A primeira condição da bondade humana é algo para amar; a segunda, algo para reverenciar".

Na realidade, a reverência nada mais é senão o amor dirigido ao superior, e os aspirantes deveriam procurar alguém mais avançado do que eles próprios, a quem eles pudessem dirigir amor e reverência. Encontrar alguém para reverenciar oferece aos aspirantes a condição mais importante para transformar a emoção de uma força de retardamento em uma força de elevação, e para obter a força necessária ao "querer" aquilo que eles sabem ser o melhor. Não podemos amar sem procurar agradar e tampouco podemos reverenciar sem alegrar-nos com a aprovação daquele que reverenciamos. Daí surge um estímulo constante para o nosso autoaperfeiçoamento, para a formação do caráter, a purificação de nossa natureza, a conquista de tudo o que é inferior em nós e a luta por tudo aquilo que é digno e valioso. Encontramo-nos, de forma bastante espontânea, em uma posição de querer atingir um ideal elevado, e a grande força motora é transmitida aos canais que, para esta finalidade, foram configurados pela mente. Não existe maneira de utilizar a natureza do desejo de uma forma mais certa e eficaz do que formar este vínculo, o reflexo no mundo interior daquele laço perfeito que vincula o discípulo ao Mestre.

Outra maneira útil de estimular a natureza do desejo como uma força de elevação é procurar a companhia de alguém que esteja mais avançado na vida espiritual do que nós próprios. Não é necessário que estas pessoas nos ensinem oralmente ou mesmo que falem conosco. A sua mera presença é uma bênção, é algo que harmoniza, eleva e inspira. Respirar sua atmosfera, estar envolvido pelo seu magnetismo, ser impulsionado por seus pensamentos – tais ações nos enobrecem de forma inconsciente para nós próprios. Atribuímos valor demasiado às palavras e depreciamos indevidamente as forças silenciosas mais sutis do Eu, as quais, "de modo suave e poderoso, ordenando todas as coisas", criam, nos caos turbulento da nossa personalidade, as bases firmes da paz e da verdade.

Menos potente, porém ainda segura, é a ajuda que pode ser obtida pela leitura de qualquer livro de natureza mais nobre, seja por mostrar um grande ideal, seja por apresentar personagens inspiradoras para o nosso estudo. Livros como a *Bhagavad-Gitā* [6], *A Voz do*

6 *A Bhagavad-Gitā – A Canção do Senhor,* Tradução de Annie Besant, Brasília: Editora Teosófica, Ed. Bolso (2019) e Luxo (2022). (Nota Ed. Bras.)

Silêncio[7], *Luz no Caminho*[8], *Imitação de Cristo*[9] estão entre os mais poderosos desses auxílios à natureza do desejo. Costumamos ler de forma demasiado exclusiva na busca de conhecimento, perdendo a força modeladora que o pensamento sublime sobre os grandes ideais pode exercer sobre nossas emoções. Será um hábito útil ler algumas frases de um desses livros todas as manhãs e mantê-las presentes durante o dia, criando assim, ao nosso redor, uma atmosfera que seja protetora para nós e benéfica para todos aqueles com quem entramos em contato.

Outra prática absolutamente essencial é a meditação diária – uma quieta meia hora pela manhã, antes de começar o turbilhão diário, durante a qual deliberadamente nos afastamos da natureza inferior, reconhecendo-a como instrumento e não como o nosso Eu; um momento em que nos concentramos na consciência mais elevada que podemos sonhar e perceber como o nosso verdadeiro Eu. "Aquilo que é Existência, Conhecimento e Bem-Aventurança, Aquilo sou Eu. Vida, Amor e Luz, isto sou Eu." Porque a nossa natureza essencial é divina, e o esforço para compreendê-la ajuda em seu crescimento e manifestação. Pura, desapaixonada, pacífica, é a "Estrela que brilha em nós", e aquela Estrela é o nosso Eu. Não conseguimos ainda permanecer estáveis na Estrela, mas à medida que tentarmos, dia após dia, elevar-nos até ela, alguns raios do seu brilho iluminarão o "eu" ilusório feito das sombras entre as quais vivemos. Podemos adequadamente elevar-nos a esta contemplação enobrecedora e irradiadora de paz do nosso destino divino ao adorarmos o Pai dos mundos, e o Ser Divino a quem reverenciamos como Mestre com a devoção mais fervorosa de que somos capazes, se formos afortunados o suficiente para sentir tal emoção. Recorrendo àquele Ser Divino como O que auxilia e ama a todos aqueles que buscam

---

7 BLAVATSKY, H. P *A Voz do Silêncio,* Brasília: Editora Teosófica, ed. Bolso (2020) e Luxo (2022). (Nota Ed. Bras.)

8 COLLINS Mabel *Luz no Caminho,* Brasília: Editora Teosófica, ed. Bolso (2020) e Luxo (2021). (Nota Ed. Bras.)

9 KEMPIS Thomas de *Imitação de Cristo,* Editora Vozes, 2015. (Nota Ed. Bras.)

elevar-se – seja Buddha, Cristo, Sri Krishna, Mestre, o nome que quisermos empregar – poderemos ousar elevar os nossos olhos para Aquele de quem viemos e para quem nos dirigimos, murmurando, na confiança da bem-aventurança atingida, "Eu e o Pai somos Um", "Eu sou Aquilo".

O Fluxo e o Refluxo dos Sentimentos

Uma das dificuldades mais aflitivas que os aspirantes precisam enfrentar surge do fluxo e do refluxo de seus sentimentos, as mudanças na atmosfera emocional através da qual veem o mundo externo, bem como o seu próprio caráter, com suas potencialidades e fraquezas. Percebem que sua vida consiste de uma série de estados de consciência em variação contínua, de condições alternantes de pensamento e sentimento. Em uma ocasião estão vividamente despertos, em outra, estão deprimidos, quietos; ora estão alegres, ora mórbidos; ora efusivos e após, retraídos; ora são sérios, depois indiferentes; em certos momentos são devotados e então, frios; ora têm aspiração, depois se encontram apáticos. Estão o tempo todo apenas submetidos a esta variabilidade, persistente apenas em sua diversidade. E o pior de tudo é que são incapazes de atribuir esses efeitos a causas definidas; eles "vêm e vão, impermanentes" e são tão pouco previsíveis quanto os ventos do verão.

Por que a meditação foi fácil, suave e produtiva ontem? Por que ela é difícil, irregular e seca hoje? Por que aquela nobre ideia nos entusiasmou muito na semana passada, mas deixa-nos indiferentes hoje? Por que estávamos repletos de amor e devoção há alguns dias, mas nos encontramos agora vazios, olhando para o nosso ideal com olhos sem vida e sem brilho? Os fatos são óbvios, porém as explicações nos escapam; parecemos estar à mercê do acaso e ter escapado ao âmbito da lei.

É essencialmente esta incerteza que traz plangência à nossa aflição. Aquilo que é compreendido é sempre controlável, e quando conseguimos descobrir as causas, avançamos bastante no caminho para o controle dos efeitos. Todos os nossos sofrimentos mais acentuados possuem em si este componente de incerteza; não encontramos saída porque somos ignorantes. É a incerteza de nossos estados emocionais que nos assusta, pois não podemos nos proteger contra aquilo que somos incapazes de prever. Como poderemos, então, alcançar um lugar onde estes estados não nos atormentem, uma rocha na qual podemos permanecer enquanto as ondas encrespam-se ao nosso redor?

O primeiro passo na direção do lugar de equilíbrio é dado quando reconhecemos o fato – ainda que sua expressão se afigure brutal – de que os nossos estados emocionais não importam. Não existe uma relação constante entre o nosso progresso e os nossos sentimentos; não estamos necessariamente progredindo quando o fluxo das emoções nos alegra, tampouco estaremos retrocedendo quando o seu refluxo nos afligir. Estes estados cambiantes fazem parte das lições que a vida nos traz para que possamos aprender a distinguir entre o Eu e o não-Eu, compreendendo a nós mesmos como o Eu. O Eu não se modifica; o que se modifica não é o nosso Eu, mas parte do ambiente transitório do qual o Eu está revestido e por entre o qual se move. Esta onda que se precipita sobre nós não é o Eu, mas apenas uma manifestação passageira do não-Eu. "Deixe-a se agitar, em turbilhão e espuma, esta onda não sou Eu". Deixemos que a consciência compreenda isto apenas por um momento e a força da onda terá sido exaurida; e a rocha firme será sentida sob nossos pés. Afastando-nos das emoções, não mais as percebemos como parte de nós próprios; deixando, assim, de nelas colocar a nossa vida e não mais as considerando como autoexpressão, rompemos a ligação que possibilitou a este estado tornar-se um canal de dor. Este afastamento da consciência pode ser muito facilitado se, em nossos momentos de quietude, tentarmos compreender estas alternâncias emocionais aflitivas, atribuindo-as às suas causas reais. Assim, ao menos nos libertaremos de parte de nosso desamparo e perplexidade os quais, como já vimos, são devidos à ignorância.

Estas alternâncias entre a felicidade e a depressão são fundamentalmente manifestações daquela lei de periodicidade, ou lei do ritmo, que guia o Universo. Noite e dia alternam-se em nossa vida física como a felicidade e a depressão o fazem em nossa vida emocional. Como o fluxo e o refluxo do oceano são o fluxo e o refluxo nos sentimentos humanos. Existem marés no coração humano e nos assuntos humanos da mesma maneira como no mar. A alegria segue a tristeza e esta segue a alegria com a mesma certeza de que a morte segue o nascimento e este, a morte. Esta realidade não é apenas uma teoria, é um fato testemunhado por todos aqueles que adquiriram experiência na vida espiritual. No livro *A Imitação de Cristo*, de Thomas de Kempis, é dito que o bem-estar e a tristeza se alternam e que "isto não é novo ou estranho para aqueles que têm experiência no caminho de Deus; porque os grandes santos e antigos profetas frequentemente tiveram a experiência desse tipo de vicissitudes... Se os grandes santos estavam expostos a isto, nós, que somos fracos e pobres, não deveríamos nos desesperar se, às vezes, estamos agitados e, às vezes, deprimidos... Eu jamais encontrei qualquer pessoa religiosa e devota que não tivesse períodos de afastamento da graça ou que não sentisse alguma diminuição em seu entusiasmo" (Livro II, ix, 4, 5, 7).

Reconhecendo esta alternância de estados como resultado de uma lei geral, manifestação especial de um princípio universal, torna-se possível para nós utilizarmos esse conhecimento tanto como alerta quanto como incentivo. Podemos estar atravessando um período de grande iluminação espiritual, quando tudo parece facilmente realizável, quando o brilho da devoção lança sua glória sobre a vida e é nossa a paz proveniente de *insights* verdadeiros. Tal condição costuma ser de considerável perigo, sua própria felicidade amortecendo-nos na segurança destituída de cuidados e forçando o crescimento das eventuais sementes de natureza inferior em nós. Em tais momentos, costuma ser útil lembrar períodos anteriores de tristeza, de maneira que a felicidade não possa tornar-se uma exaltação e tampouco deleite que resulte em apego ao prazer. Contrabalançando a alegria atual com a memória de dificuldades passadas e com a tranquila previsão de problemas vindouros, atingimos o equilíbrio e encontramos um ponto intermediário de descanso.

Podemos, assim, conquistar todas as vantagens que resultam do aproveitamento de uma oportunidade favorável ao progresso, sem arriscarmos um retrocesso proveniente do triunfo prematuro. Quando a noite desce, e toda a vida declina, quando nos encontramos frios e indiferentes, sem darmos qualquer importância ao que nos atraiu, então, conhecendo a lei, podemos tranquilamente dizer, "isto também por sua vez passará; a luz e a vida deverão retornar, e o antigo amor mais uma vez calorosamente brilhará". Recusamos a depressão indevida na escuridão, da mesma maneira como recusamos a exaltação indevida na luz. Equilibramos uma experiência com a outra, removendo o espinho da dor presente através da memória da alegria passada e a previsão da alegria no futuro. Na felicidade aprendemos a lembrar da tristeza e na tristeza aprendemos a lembrar da felicidade, até que nenhum estado possa abalar o firme pedestal da alma.

Começamos assim a elevar-nos acima dos níveis inferiores da consciência, nos quais somos lançados de um extremo ao outro, passando a conquistar o equilíbrio que é chamado *yoga*. Destarte, a existência da lei passa a ser para nós não uma teoria, porém uma convicção, e, gradualmente, aprendemos algo da paz do Eu.

Testes e Provações

Também será proveitoso para nós compreendermos que a maneira pela qual enfrentamos e passamos por esta provação de escuridão e inércia interiores constitui um dos testes mais certos de evolução espiritual. "Que homem do mundo não estaria disposto a receber alegria e conforto espiritual se sempre pudesse tê-los? Pois o conforto espiritual excede todos os deleites mundanos e os prazeres da carne. Mas nenhum homem pode sempre usufruir desses confortos divinos de acordo com seu desejo, porque a hora da provação nunca está muito distante . . . Não deveriam ser chamados de mercenários todos aqueles que estão sempre procurando lenitivos? Onde encontraremos alguém que esteja disposto a servir a Deus em troca de nada? Raramente encontra-se alguém tão espiritualizado a ponto de ter sofrido a perda de todas as coisas" (*Imitação de Cristo*, Livro II. x. 1; xi. 3, 4).

As sutis sementes do egoísmo persistem durante longo tempo na vida de discipulado, muito embora imitem em seu crescimento a aparência das virtudes e ocultem a serpente do desejo sob a provável florescência da beneficência ou da devoção. Realmente, poucos são aqueles que servem em troca de nada, e que erradicaram a raiz do desejo e não apenas cortaram os ramos que crescem acima do solo. Muitos dos que experimentaram as sutis alegrias da experiência espiritual encontram ali recompensas para os deleites mais grosseiros a que renunciaram. Quando a penosa vivência da escuridão espiritual obstrui o seu caminho e, aparentemente sós, precisam penetrar aquela escuridão, então eles aprendem, através da amarga e humilhante lição da desilusão, que estiveram servindo ao seu ideal para obter frutos e não por amor. Será bom para nós se pudermos estar alegres tanto na escuridão como na luz, pela firme crença - embora ainda não visão - de que em nosso interior aquela Chama sempre cintila, de cuja luz jamais podemos nos separar, pois, na verdade, é o nosso próprio Eu. Precisamos tornar-nos insolventes no tempo antes que a riqueza do eterno nos pertença.

Outra dificuldade desconcertante e desanimadora para os aspirantes é a presença não solicitada de pensamentos e desejos inconsistentes com sua vida e objetivos. Quando desejam contemplar o sagrado, a presença do profano lança-se sobre eles; quando querem ver a face irradiante do Divino, a máscara do sátiro esgueira-se em seu lugar. De onde se originam essas insinuantes e numerosas formas do mal que nos cercam? De onde surgem esses sussurros e murmúrios em nossos ouvidos, como se fossem demônios? Criam uma forte repulsa nos aspirantes, embora essa repulsa pareça ter sido gerada por eles próprios. Poderia um aspirante de fato ser o causador dessa repugnante infestação?

Novamente, a compreensão da causa operante poderá despojar o efeito de suas agudas presas, livrando-nos da impotência devida à ignorância.

É trivial nos ensinamentos teosóficos que a vida incorpora-se em formas, e a energia vital, que surge daquele aspecto do Eu que é conhecimento, molda a matéria do Plano Mental em formas-pensamento. As vibrações que afetam o corpo mental determinam os materiais que são inseridos em sua com posição; e esses materiais são transformados, aos poucos, de acordo com as mudanças nas vibrações emitidas. Se a consciência cessa de operar de determinada maneira, os materiais que respondiam àquelas operações anteriores gradualmente perdem sua atividade, tornando-se, por fim, matéria estéril, sendo eliminados do corpo mental. Todavia, um grande número de estágios intervém entre a atividade plena da matéria que responde constantemente a impulsos mentais e a sua inércia final quando pronta para a expulsão. Até que o último estágio seja atingido, a matéria mental é capaz de ser lançada em atividade renovada por meio de impulsos mentais, interiores ou exteriores. Muito tempo depois de a pessoa ter deixado de energizá-lo, tendo ultrapassado o estágio que representa, poderá ser lançada na vibração ativa, e ter seu início em um pensamento vivo, através de uma influência inteiramente externa.

Por exemplo, logramos purificar os nossos pensamentos da sensualidade, e nossa mente não mais gera ideias impuras e tampouco tem prazer na contemplação de imagens dessa natureza. Não mais estamos vivificando a matéria grosseira, que nos corpos mental e astral vibra sob aqueles impulsos, e as formas-pensamento que criamos estão mortas ou morrendo. Porém encontramos alguém em quem esses fatores estão ativos, e as vibrações emitidas por aquela pessoa revivificam as formas-pensamento moribundas, emprestando-lhes uma vida artificial temporária. Apresentam-se como nossos próprios pensamentos, revelando-se como filhos da nossa mente, e não sabemos que são apenas cadáveres do nosso passado, reanimados pela mágica danosa das proximidades impuras. O próprio contraste que fornecem às nossas mentes purificadas aumenta a tortura mortificante de sua presença, como se um corpo morto fosse agrilhoado a uma pessoa viva. Mas, quando aprendemos sobre a sua verdadeira natureza, perdem o poder de atormentar. Podemos olhá-

-los calmamente, como remanescentes do nosso passado, de maneira que deixem de envenenar o nosso presente. Sabemos que a vida neles é estranha, não se origina em nós, e podemos "esperar com a paciência da confiança pela hora que não mais nos afetarão".

Às vezes, no caso de uma pessoa que está fazendo rápido progresso, esta revivificação temporária é causada deliberadamente por aqueles que procuram retardar a evolução e que se opõem à Boa Lei. Eles podem enviar uma forma-pensamento calculada para animar os espectros moribundos em atividade não natural, com o propósito expresso de causar aflição, até mesmo quando o aspirante já ultrapassou o alcance da tentação ao longo destes caminhos. Mais uma vez a dificuldade cessa quando se sabe que os pensamentos obtêm a sua energia do exterior e não do interior, quando podemos dizer calmamente à agitada multidão de ímpios atormentadores: "Vocês não pertencem a mim, vocês não fazem parte de mim, a sua vida não é extraída dos meus pensamentos. Não se passará muito tempo e vocês estarão mortos além da possibilidade de ressurreição e, neste ínterim, vocês nada mais são do que fantasmas, sombras, as quais no passado eram minhas inimigas".

Uma outra fonte poderosa de problemas é o grande mágico chamado tempo, mestre da ilusão. O tempo nos impõe uma sensação de pressa, de intranquilidade, mascarando a unidade de nossa vida com os véus dos nascimentos e mortes. O aspirante profere com fervor: "Quanto posso eu fazer, que progresso posso realizar durante a minha vida presente?". Não existe algo como uma "vida presente". Há, apenas, uma única vida – passado e futuro, com o momento sempre cambiante que é o seu local de encontro. Em um lado vemos o passado e, em outro, o futuro; e ele é, em si mesmo, tão invisível quanto a pequena parte do solo no qual estamos. Existe apenas uma vida, sem começo e sem fim, a vida sem idade e sem tempo, e as divisões arbitrárias que dela fazemos pelos incidentes sempre repetidos de nascimentos e mortes os quais nos iludem e aprisionam. Essas são algumas das armadilhas colocadas para o Eu pela natureza inferior, que desejaria manter-se firmemente presa ao imortal alado que está atravessando seus caminhos difíceis. Esta ave do paraíso é algo tão belo quando as suas plumas começam a crescer, que todos os poderes da Natureza dela se enamoram. Eles preparam ciladas para retê-lo prisioneiro; e de todas as ciladas, a ilusão do Tempo é a mais sutil.

Quando uma visão da verdade veio tardiamente na vida física de uma pessoa, é muito provável que esse desestímulo em relação ao Tempo seja percebido de modo acentuado. "Estou velho demais para começar; se eu apenas tivesse sabido disto na minha juventude". Esta é a reclamação. Contudo, o caminho é verdadeiramente um, assim como também a vida é uma, e todo o caminho deve ser percorrido na vida. O que importa, então, se um estágio do caminho é percorrido durante uma parte específica de uma vida física? Se A e B obterão o seu primeiro vislumbre da Realidade daqui a dois anos, que diferença faz se A terá setenta anos de idade enquanto B será um jovem de vinte anos? A retornará e começará novo trabalho na Terra enquanto B está envelhecendo. Cada um passará muitas vezes pela infância, juventude e velhice do corpo, enquanto percorre estágios mais elevados do caminho da vida. A pessoa idosa que, "no fim da vida", como costumamos dizer, começa a aprender as verdades da Sabedoria Antiga, ao invés de lamentar-se sobre a sua idade e dizer "como é pouco o que posso fazer no curto tempo que me resta", deveria dizer "que boa fundação posso utilizar em minha próxima reencarnação, agradeço por ter aprendido a verdade".

Não somos escravos do Tempo, a menos que nos curvemos e aceitemos a sua tirania imperiosa, deixando que venha a vendar nossos olhos com os véus da morte e do nascimento. Somos sempre nós próprios, e podemos caminhar à frente com segurança, através das luzes e sombras alternantes produzidas pela lanterna mágica do Tempo sobre a vida que ele não pode envelhecer. Por que os deuses são apresentados como sempre jovens, a não ser para nos lembrar de que a verdadeira vida não é afetada pelo Tempo? Nós tomamos por empréstimo parte da força e da tranquilidade da Eternidade quando tentamos nela viver, escapando dos liames do grande Encantador.

Muitas outras dificuldades desenrolar-se-ão no caminho ascendente à medida que o aspirante o percorrer. A vontade resoluta e o coração devoto, iluminado pelo conhecimento, conquistarão tudo no fim e conduzirão todos ao objetivo supremo. Basear-se na Lei é um dos segredos da paz, ter completa confiança Nela em todas as ocasiões, especialmente quando a escuridão sobrevém. Nenhuma alma que aspira jamais pode falhar em ascender; nenhum coração que ama pode ser abandonado. As dificuldades apenas existem para que, ao vencê-las, possamos tornar-nos mais fortes, e apenas aqueles que sofreram são capazes de se salvar.

3

A MORADA DA PAZ

Todos se queixam da pressa, da agitação, do turbilhão da vida moderna – "Não tenho tempo" é a desculpa mais comum. Revistas substituem livros, artigos de jornal substituem tratados políticos, palestras substituem a pesquisa. A nossa atenção está cada vez mais presa aos aspectos superficiais da vida: pequenos prêmios de êxito comercial, trivial prestígio da supremacia social, notoriedade momentânea no mundo da política ou das letras – homens e mulheres trabalham, fazem intrigas e lutam por isso.

O nosso trabalho terá de evidenciar resultados imediatos ou será considerado um fracasso; o objetivo final deverá estar sempre à vista para ser atingido por um esforço rápido e breve, com o bramido da multidão em aplausos, aclamando o vencedor. A sólida reputação formada em anos de trabalho extenuante; uma vida inteira de paciente labuta em um campo cuja colheita só pode se dar muito tempo depois de ter desaparecido o semeador; a escolha deliberada de um ideal sublime; tudo isso é demasiado elevado para atrair a pessoa média e demasiado amplo para incluir-se no espaço de uma vida – tais fatos são encarados com um afável olhar de desdém ou uma sombra de suspeita. O espírito da época é resumido nas palavras da mordaz sabedoria chinesa: "Ele olha para um ovo e espera ouvi-lo cacarejar." A Natureza é demasiado lenta para nós, e esquecemos que aquilo que ganhamos em velocidade, perdemos em profundidade.

Mas há alguns para cujos olhos esta dança turbilhonante de insetos à luz do sol não representa o início e o fim da vida humana. Em alguns corações um sussurro, às vezes, soa suave, dizendo que todos os aparentes conflitos e precipitações nada mais são do que a contenda de sombras lançadas sobre uma tela; que o êxito social, o triunfo comercial, a admiração pública são, na melhor das hipóteses, triviais, espuma que flutua sobre a correnteza, algo indigno das rivalidades, dos ciúmes e das amarguras que sua busca envolve. Será que a vida não possui um segredo que não esteja na superfície, um problema que não seja solucionado em seu enunciado, um tesouro que não esteja extraviado pela estrada?

Confortado pela Natureza

Uma resposta poderá ser encontrada sem nos estendermos para além da experiência de todo homem e mulher, uma resposta que oculta em si a sugestão de uma verdade subjacente mais profunda. Suponhamos que passemos uma semana ou um mês na agitada vida da cidade, com pequenas excitações, almejando os inexpressivos triunfos da vida social, a avidez de pequenas esperanças, a dor das pequenas frustrações, o atrito dos nossos eus egoístas conflitando-se com outros eus também egoístas. Depois disso, suponhamos que nos afastemos dessa agitação para a solidão silenciosa da montanha. Ali ouvimos apenas sons naturais que parecem unir-se, ao invés de romperem-se com o silêncio – o jorro da cachoeira intensificado após a chuva de ontem à noite, o farfalhar das folhagens sob as delicadas patas da lebre, o murmúrio do riacho, o alarido dos redemoinhos no encontro com os seixos na ribanceira, o zumbido dos insetos atravessando o emaranhado da relva, o alvoroço dos peixes no lago sob a sombra. Ali, onde a mente mergulha na tranquilidade, confortada pelo toque da Natureza, distante da vida humana, qual é a importância dos desatinos, da exacerbação, do turbilhão social de trabalho e diversões? Visto através dessa atmosfera permeada de paz, o que importa se falhamos ou se tivemos êxito em algum pequeno esforço? O que importa se fomos desprezados por uma pessoa, louvados por outra? Reconquistamos a perspectiva pela nossa distância do turbilhão, pelo isolamento de suas águas agitadas e vemos como é pequeno o papel que todas essas ocorrências externas deveriam desempenhar em nossa verdadeira vida.

A Cura pelo Tempo

A distância no tempo bem como a distância no espaço proporcionam um julgamento equilibrado sobre a vida. Passados dez anos, olhamos novamente para os problemas, as alegrias, as esperanças e as frustrações daquele período anterior e nos impressionamos com o fato de termos gasto tanta energia em coisas de tão pouco valor. Até mesmo as dores mais agudas da vida parecem estranhamente irreais, quando consideradas por uma personalidade que passou por grande mudança. Toda a nossa vida estava vinculada a vida de outro, e qualquer valor que ela tivesse nos parecia estar naquela pessoa amada. Pensamos que nossa vida tivesse terminado, e o nosso coração para sempre ferido, quando aquela pessoa traiu a nossa confiança. Mas com o passar do tempo a ferida sarou. Hoje, olhamos para o passado sem nos perturbarmos com uma agonia que quase destruiu a nossa vida. Ou rompemos uma amizade em virtude de uma palavra amarga; como parecem tolas nossa ira e excitação, revendo a situação após dez anos. Ou estivemos exultantes por um sucesso conquistado a duras penas; como isto agora se afigura trivial e quão exagerado o nosso triunfo, quando o analisamos na devida proporção dentro da imagem de nossa vida. Naquela ocasião preencheu o nosso horizonte, agora nada mais é senão um ponto.

Esta tranquilidade filosófica, quando contemplamos as vitórias e as derrotas do nosso passado, através do intervalo do espaço ou do tempo, sofre uma ruptura desprezível quando retornamos à nossa vida diária. Todas as antigas trivialidades, na nova roupagem, nos absorvem; antigas alegrias e lamentos, com nova face, nos prendem. Nas palavras da *Bhagavad-Gitã*, "os sentidos e órgãos tumultuosos afastam o coração à força". Novamente começamos a viver voltados para os pequenos cuidados e disputas, pequenos desejos e frustrações.

Mas será que isto precisará ser sempre assim? Uma vez que precisamos viver no mundo e desempenhar o nosso papel em seu drama, será que precisamos permanecer à mercê desses objetos passageiros? Ou, ainda que precisemos conviver com eles no espaço e estar por eles envoltos no tempo, será que podemos encontrar a Morada da Paz, como se estivéssemos bem distantes? Podemos fazê-lo, e esta é a verdade subjacente à resposta superficial que já encontramos.

A Paz do Verdadeiro Eu

Cada um de nós é um Ser Imortal em uma vestimenta de carne, a qual é vivificada e movida por desejos e paixões. Ligamos esta vestimenta a nós através de um cordão da nossa natureza imortal. Este cordão é a mente, e ela, insubmissa e inconstante, perambula por entre objetos terrenos. É movida por paixões e desejos, esperanças e temores. Ela almeja experimentar todos os deleites dos sentidos e é ofuscada e ensurdecida pelo brilho e pelo tumulto que a cercam. E assim, como lamentou Arjuna, na *Bhagavad-Gitā*, "a mente está repleta de agitação, turbulenta, forte e obstinada."

Acima dessa mente em turbilhão, como testemunha serena e desapaixonada, paira o Eu Verdadeiro, o Ego Espiritual. Abaixo podem ocorrer tempestades, mas acima há tranquilidade, a Morada da Paz, pois aquele Eu é eterno. Que importam para Ele os eventos do tempo, exceto à medida que possam trazer-lhe experiência e conhecimento do bem e do mal? Com tanta frequência, residindo no seu lar de argila, conheceu o nascimento e a morte, ganhos e perdas, alegria e sofrimento, prazeres e dores. Vê todos os eventos passarem como uma fantasmagoria em movimento, e nenhuma onda afeta a sua serenidade desapaixonada e tranquila. Se a agonia afeta o seu invólucro exterior, ele meramente observa que a harmonia foi interrompida. A dor é bem-vinda, pois aponta para um fracasso e contém a lição para evitar aquilo de que se originou. Pois o Verdadeiro Eu precisa conquistar o plano material, purificá-lo e sublimá-lo, e apenas através do sofrimento pode aprender a realizar seu trabalho.

Ora, o segredo de atingir aquela Morada da Paz reside em nosso aprendizado para identificar a nossa consciência com o Verdadeiro Eu, em lugar do eu aparente. Identificamo-nos com as nossas mentes, os nossos cérebros ativos em nossos corpos. Identificamos-nos com as nossas paixões e desejos e dizemos que nós esperamos ou que *nós* tememos. Identificamo-nos com os nossos corpos, a mera maquinaria através da qual atuamos no mundo material. Quando todos esses componentes de nossa natureza são tocados pelo contato com objetos externos, sentindo o redemoinho da vida material ao seu redor, *nós* somos afetados também na consciência. De acordo com a *Gitā*, "o coração descontrolado, seguindo os ditames das paixões em movimento, desmancha em pedaços nosso conhecimento espiritual como a tempestade o faz as embarcações no oceano em fúria." Isso resulta em exacerbação, perda do equilíbrio, irritabilidade, sentimentos feridos, ressentimentos, ações desavisadas, dor – tudo muito distante da paz, da tranquilidade e da força.

Três Caminhos para a Paz

O caminho que precisamos começar a palmilhar para ingressarmos na senda que conduz à Morada da Paz consiste em um esforço para identificarmos a nossa consciência com o Verdadeiro Eu, para vermos como ele vê, julgarmos como ele julga. Não podemos fazê-lo – isto é desnecessário dizer – mas podemos começar a tentar. Os meios são: desapegar-se dos objetos dos sentidos, não importar-se com resultados e meditar de forma sempre renovada sobre o Verdadeiro Eu. Consideremos cada um desses meios.

O primeiro deles poderemos conquistar apenas através de uma autodisciplina constante e sábia. Podemos cultivar a indiferença para com pequenos desconfortos, prazeres da mesa, diversões físicas, suportando os acontecimentos exteriores como eles nos chegam e com bem-humorada tolerância, nem cortejando nem afastando os pequenos prazeres e dores. Gradualmente, sem nos tornarmos inconscientes ou melancólicos, tornamo-nos indiferentes, de maneira que pequenos problemas, que costumam sempre perturbar a maioria das pessoas na vida diária, passem desapercebidos por nós. Isto nos deixará livres para ajudarmos os nossos próximos, a quem esses problemas de fato afetam, protegendo-os sem intrometer-nos, suavizando, assim, o caminho da vida para essas pessoas. Para aprender isto, a moderação é o princípio. "Esta divina disciplina, Arjuna, não pode ser obtida pelo homem que come mais do que o suficiente ou que come demasiado pouco, e tampouco por aquele que tem o hábito de dormir muito ou por aquele que é dado à vigília. A meditação que destrói a dor se faz naquele que é moderado na alimentação e na recreação, moderado no exercício de suas ações e equilibrado no dormir e no despertar". O corpo não deve ser maltratado, deve ser treinado.

O segundo desses métodos é não se importar com resultados. Isto não significa que não observemos o resultado das nossas ações para delas aprendermos como guiar os nossos passos. Adquirimos experiência através desse estudo e assim aprendemos a sabedoria. Significa que quando uma ação foi feita com o nosso melhor julgamento, força e intentos puros, então deveríamos deixar que prossiga, metaforicamente, não nos preocupando com seus resultados. A ação realizada está além da revogação, e nada ganhamos com preocupações e ansiedades a seu respeito. Quando aparecem os seus resultados, passamos a observá-los para instrução, porém não nos alegramos e tampouco nos lamentamos. O remorso ou a alegria afastam a nossa atenção do desempenho do nosso dever atual, enfraquecendo-nos para realizá-lo. Suponhamos que o resultado de algo que fizemos seja prejudicial. A pessoa sábia dirá: "Eu cometi um erro e deverei evitar falha semelhante no futuro; mas o remorso apenas enfraquecerá a minha utilidade atual e não diminuirá os resultados de minha ação equivocada. Assim, ao invés de perder tempo com remorsos, empenhar-me-ei para realizar o trabalho de melhor forma."

O valor de assim nos separarmos dos resultados reside na tranquilidade mental obtida e na concentração que é aplicada em cada ação. Segundo a *Gitā*, "todo aquele que na ação devotar as suas ações ao Espírito Supremo (o Eu Uno) e colocar de lado todo o interesse egoísta nos seus resultados não será afetado pelo pecado, da mesma maneira como a folha de lótus permanece intocada pelas águas. O devoto verdadeiro, para a purificação do coração, realiza ações com o seu corpo, a sua mente, a sua compreensão e os seus sentidos, afastando todo autointeresse. O homem que é devotado e desapegado dos frutos de suas ações obtém tranquilidade; mas aquele que através do desejo tem apego pelo fruto de suas ações é por ele aprisionado."

O terceiro método, a meditação, é o mais eficaz e o mais difícil. Consiste em um esforço constante para perceber nossa identidade com o nosso Eu Verdadeiro, e para nos tornarmos autoconscientes como Ele. "Qualquer objeto para o qual se projeta a mente inconstante deverá ser dominado por Ele, trazido de volta e reintegrado ao Espírito". É o trabalho de uma vida, porém nos levará à Morada da Paz. Precisamos sempre renovar o esforço e nele persistir pacientemente. Isto poderá ser favorecido ao reservarmos alguns poucos momentos, em uma hora certa a cada dia, para nos retirarmos em nós mesmos como a tartaruga em seu casco, lembrando que não somos transitórios, porém eternos, e que os incidentes passageiros não podem nos afetar de modo algum.

Com a expansão gradual desse poder de permanecer "no Eu", virá não apenas a paz, mas também a sabedoria, porque a ausência de desejos pessoais e o reconhecimento da nossa natureza imortal nos deixam livres para julgarmos todas as coisas sem propensões ou preconceitos: "Uma vez alcançado este estado tranquilo, dele resultará em breve um afastamento de todos os problemas; e a mente, estando assim à vontade, fixada em um objetivo, abraça a sabedoria de todos os lados. O homem cujo coração e mente não estão tranquilos não possui sabedoria." Assim, "estando possuído pela paciência, o homem encontrará progressivamente a calma", e "a bem-aventurança suprema com certeza virá ao sábio cuja mente estiver assim em paz; cujas paixões e desejos estiverem assim dominados; a ele que está, portanto, em seu Verdadeiro Eu, livre do pecado."

Esta é a tripla Senda que conduz à Morada da Paz. Alcançá-la significa ter conquistado o Tempo e a Morte. O "caminho é árduo e sempre ascendente", mas as asas da Pomba da Paz afagam o peregrino cansado e, por fim, ele encontra a tranquilidade que nada pode afetar.

4

DEVOÇÃO E VIDA ESPIRITUAL

> A alma não pode ser conquistada pelo conhecimento, nem pela compreensão, nem pelas ciências, ... tampouco pela devoção ou pelo conhecimento não vinculado à devoção.
>
> (*Mundakopanishad*, iii. II. 3, 4)

De acordo com os *Upanishads*, a escritura mais antiga de nossa raça, existem dois caminhos para encontrar o Eu. Podem ser trilhados separadamente, mas por fim terão de fundir-se um no outro para o aperfeiçoamento da humanidade. Um é o caminho do conhecimento que conduz à liberação; o outro é o caminho da devoção, a qual, unida ao reto conhecimento, conduz ao serviço que expressa a maior glória a ser alcançada pela humanidade.

Existem caminhos seguidos por aqueles que ainda não assumiram o dever do discipulado, mas que são bons e sérios em suas vidas e realizam um bom trabalho no mundo. Esses são os caminhos da ação, caminhos em que a boa ação e bom desejo geram bom *karma*. Porém o *karma* sempre nos conduz ao renascimento. Milhares de anos e, em alguns casos, milhões de anos podem intervir, porém o fim do trabalho é o renascimento, o fim do desejo é "passar de morte em morte". Trabalhos que são bons e úteis para a humanidade resultam em recompensa. Expressando-o em termos cristãos, deveríamos dizer que, através dessas ações, conquista-se o Céu; em termos hindus, ganha-se *Svarga*; na linguagem teosófica, *Devachan*. Além do *Devachan* temporário, ou *Svarga* ou Céu, existe a possibilidade do trabalho realizado tão bem, visando sempre os seus resultados, que se pode atingir aquele Céu dos Devas cósmicos sobre os quais lemos nas escrituras hindus. Aqui, aquele que passou além da humanidade comum, e por esforço conquistou esses planos mais elevados no Céu, poderá reinar durante o decurso de todo um *Manvantara*, ou período cósmico de manifestação, e dirigir os processos cósmicos dos mundos.

Mas aquilo que se origina do trabalho encontra o seu fim. Nem a libertação e nem a Grande Renúncia podem encerrar o caminho de alguém que trabalha com vistas a resultados. Pois a Natureza é sempre justa; nós obteremos aquilo pelo que pagamos. Se trabalharmos pela recompensa, esta virá da inequívoca justiça que guia os mundos. Os bons atos se exaurem; o resultado do bom *karma* chega ao fim; e, seja neste ou em qualquer outro mundo, o fim é certo, e o Ego terá de voltar a renascer, porque trabalhou pela recompensa, e aquela recompensa por fim se extingue.

Mas, de acordo com a escritura acima mencionada, existe uma ocasião em que os mundos de trabalhos são exauridos. Então virá o tempo sobre o qual está escrito:

> Depois de ter examinado esses mundos que são conquistados pelo trabalho, deixemos que o *Brahmin* adquira a liberdade de todo o desejo. Nada que é eterno pode ser conquistado por aquilo que não é eterno.
>
> (*Mundakopanishad*, i. II. 12)

Quando todo o desejo for extinto, então o caminho do conhecimento ou da devoção poderá ser iniciado.

O Caminho do Conhecimento

Consideremos o caminho do conhecimento. Conhecimento de quê? Não o aprendizado mundano; não aquelas inúmeras ciências que podem ser conquistadas somente pelo intelecto; tampouco a maestria das categorias em que todo o aprendizado humano está dividido. Quando mencionamos o caminho do conhecimento, queremos dizer mais do que o aprendizado intelectual, queremos dizer o caminho que conduz ao conhecimento espiritual, isto é, ao conhecimento do Uno, do Eu, procurando e encontrando a Deus ou *Brahman*. Porque pelo conhecimento poderá ser encontrado o Divino; pelo conhecimento poder-se-á a Ele unir-se.

Existem alguns que escolhem o caminho do conhecimento desvinculado da devoção e que trilham aquele caminho vida após vida, até que conquistem o direito à libertação. Procuremos compreender os passos deste caminho.

Em primeiro lugar, precisa haver o conhecimento e o reconhecimento Daquele sobre quem todos os mundos são construídos, o Eu eterno e imutável que projeta Universos, como a aranha cria as teias e as reúne novamente (*Mundakopanishad*, i. I.7). Deve-se reconhecer a existência Suprema que está na raiz de tudo, inatingível pelo pensamento humano, o Uno sem par.

A próxima etapa naquele conhecimento, na identificação da Unidade, é a compreensão de que todas as coisas que se revestem de formas separadas devem ter um fim, pois não existe separatividade no Universo, senão a aparência da separação. O Uno sem par que em si existe, que é a única Realidade, Aquilo, é compreendido como o Eu de cada um, a Vida Una da qual todas as formas são apenas manifestações transitórias. Até que se compreenda a ausência da separatividade, a alma passa de morte em morte (*Kathopanishad*, Valli iv. 10).

Porém, é necessário mais do que esta compreensão da não separatividade. Deve-se fazer um esforço determinado e deliberado para compreender que o Eu do Universo é o Eu que reside no coração humano, e que o Eu se reveste reiteradamente com a finalidade de reunir experiência. No caminho do conhecimento remove-se vestimenta após vestimenta até que é encontrado o próprio Eu.

O conhecimento é necessário para isso: primeiro o conhecimento da existência das vestimentas; a seguir o conhecimento do Eu que trabalha dentro das vestimentas; depois a compreensão de que aquelas vestimentas podem ser despojadas, uma após a outra, que os sentidos podem ser acalmados e silenciados e que o Eu pode retirar-se da vestimenta dos sentidos, até que não mais funcionem, exceto quando se deseja que o façam. Então a voz do Eu poderá ser ouvida sem a intromissão do mundo exterior.

Renúncia

A vestimenta da mente, na qual o Eu opera no mundo interno dos conceitos e das ideias, também é reconhecida como sendo externa ao Eu, e o Eu dela se liberta da mesma maneira como lança fora a vestimenta dos sentidos. Compreendendo que essas vestimentas não são ele próprio, que o Eu está por trás e dentro delas, este conhecimento de não separatividade passa a ser um entendimento prático, não sendo apenas intelectualmente admitido, porém entendido de forma prática na vida. Isto terá de conduzir à renúncia. Mas é sobretudo renúncia da razão, a que se afasta dos objetos dos sentidos e da mente ao retirar-se deliberadamente para o Eu. Esta exclusão dos mundos externo e interno é mais facilmente obtida, afastando-se da agitação humana, separando-se o Eu de todos os outros mundos que são ilusórios. Naquela quietude externa o Eu percebe o isolamento interior.

Se a exclusão total dos mundos externo e interno não for aceita, ainda pode haver renúncia pelo conhecimento, pela vontade deliberada de não mais gerar *karma*, pelo conhecimento de que, se não houver desejo, não serão formados elos de *karma* para atraírem o Eu de volta ao renascimento. É essencialmente a renúncia daqueles que sabem que, enquanto desejam, estão vinculados à roda dos nascimentos e mortes e que nenhuma libertação é possível a menos que esses elos do coração sejam rompidos. Então, compreendendo isto, se esses aspirantes ainda forem compelidos a agir, passarão a agir sem desejo; se forem compelidos a viver entre as pessoas, realizarão seu trabalho sem se preocuparem com os resultados que dele fluem. A renúncia é completa, mas ocorre em prol de uma saída para ganhar liberdade e escapar do fardo do mundo. Novamente, está escrito:

> Quando eles tiverem atingido o Eu [quando tiverem realizado *Brahman*] os Sábios se tornam satisfeitos através do conhecimento, eles estão tranquilos. Os Sábios tendo alcançado Aquele que é onipresente e devotados ao Eu, Nele ingressam plenamente.
>
> (*Mundakopanishad*, iii. II.5)

Este, então, é o objetivo neste caminho do conhecimento: um estado sublime, de suprema grandeza, onde a alma, serena em sua própria força e tranquila em sua própria sabedoria, silenciou todo o impulso dos sentidos. É mestre absoluto sobre todo o movimento da mente, residindo na cidade de nove portais onde está sua morada, nem agindo, tampouco causando ação. Permanece em um estado de isolamento, ainda que em estado de grande poder e sabedoria, grande no desapego total de tudo o que é transitório, e está pronta para penetrar em *Brahman*. E em *Brahman* ingressará tal alma, ganhando a sua libertação para permanecer naquela união, era após era - um período que os anos humanos não podem compreender e que o pensamento humano tampouco pode atingir tendo alcançado aquilo que os hindus chamam de *Moksha*[10], em união perfeita com o Uno e o Todo. Tal alma apenas afasta-se daquela união quando o grande *Manvantara* torna a alvorar, e quando a vida novamente passa para as formas manifestas.

O Caminho da Devoção

No caminho da devoção, o reto conhecimento não pode ser ignorado. O reto conhecimento é necessário para que se possa servir bem ao mundo. O reto conhecimento é necessário porque a união precisa ser o objetivo, embora uma união algo diferente da que é conquistada pelo conhecimento comum. Se o reto conhecimento estiver ausente, então, até mesmo o amor poderá perder-se em seu

---

10 Ou *Mukti*, palavra sânscrita que significa Libertação ou Salvação, o mesmo que *Nirvāna*. Liberação definitiva dos laços da matéria e das dores da existência, suprema bem-aventurança pela absorção no Espírito Universal. (Nota Ed. Bras.)

desejo de servir e poderá ferir onde poderia ajudar. Não devemos ter a devoção separada do conhecimento, pois ele é necessário ao serviço perfeito, e este serviço perfeito constitui a essência da vida do devoto.

O objetivo do caminho da devoção é a união consciente com o supremo Eu que é reconhecido como manifestando-se através de todos os demais eus. O pensamento sobre aqueles outros eus persiste até que a união de todos os eus acontece no Uno. Porque nesse caminho de devoção, o amor é o impulso, o amor que está sempre procurando dar-se a si próprio àqueles que estão acima, a fim de ganhar força para o serviço, e para os que estão abaixo, a fim de servi-los. Os verdadeiros devotos têm o seu rosto voltado para cima, na direção dos que lhe são superiores, para ganharem força e energia espiritual. E isto não é para eles próprios serem libertados, pois não desejam libertação alguma até que todos compartilhem da liberdade. Não é com a finalidade de conquistar, porque eles não desejam qualquer conquista, exceto com a finalidade de doar. Não é para que eles possam reter algo para si, mas para serem canais de bênção aos outros. No caminho da devoção, a alma sempre está voltada para a Luz que está acima, não para ser iluminada, não para que possa brilhar, mas para que possa servir como foco e canal daquela Luz, canalizando-a na direção daqueles que estão na escuridão. Anseia pela Luz acima apenas com o objetivo de transmiti-la àqueles que estão embaixo.

Esta, então, é a primeira e suprema característica daqueles que desejam seguir o caminho da devoção. Terão de começar no amor e nele terminarão. A fim de que isto possa ocorrer, terão de reconhecer o lado espiritual da Natureza e ver que não estão sós. Não é suficiente reconhecer o Eu, o Uno, de quem todas as formas nada mais são do que manifestações passageiras. Os devotos terão de reconhecer aquelas manifestações passageiras a fim de estarem preparados para o serviço.

Começarão por reconhecer que a partir da fonte Una e Eterna da Vida o Eu de tudo – surgem diferentes centelhas que são Inteligências espirituais em cada grau da evolução. Algumas são poderosas Inteligências espirituais que foram vitoriosas em *manvantaras* passados e surgem do Fogo eterno, prontas para serem luzes no mundo. Serão reconhecidas como incorporações supremas da vida espiritual e com fundamentos do Universo manifestado. Os devotos vislumbrarão esses Seres como estando muito acima deles, uma vez que a evolução transportou-Os através de muitos *Nirvānas* até o local em que Eles surgem para as manifestações do nosso próprio Universo. Esses grandes Seres receberão algum nome que contenha em si a sua suprema grandeza espiritual, de maneira que Neles se encontre a expressão das incorporações supremas da vida espiritual. É na direção da vida espiritual que o Universo está se projetando, e em união com ela que ele se encontra no limiar do Uno. Projetando-se em sentido descendente desses grandes Seres em hierarquias inumeráveis, existem gradações de Inteligências espirituais em todas as formas manifestas de vida no lado espiritual do Universo. Estendem-se em sentido descendente, continuamente, através dos Poderosos que mencionamos como Construtores do Mundo, Espíritos Planetários, Senhores da Sabedoria, até aqueles grandes Seres incorporados nas mais elevadas formas da humanidade, os Mestres, que para nós revelam a Luz Divina que está além deles próprios. Graus progressivamente inferiores de entidades espirituais estendem-se em sentido decrescente até que todo o Universo esteja repleto dessas formas vivas de Luz e Vida.

Esta hierarquia é reconhecida como uma poderosa fraternidade da qual os seres humanos encarnados fazem parte. Portanto, o caminho reside na compreensão da fraternidade e não no isolamento. Não é libertação que pedem os devotos. Eles reivindicam o poder de servir ao mais Alto, a fim de auxiliar os que ainda não alcançaram o lugar em que eles próprios se encontram. Portanto, o caminho da devoção começa no amor por toda a criatura senciente ao nosso redor e termina no amor para com o mais Alto, o mais elevado que o nosso pensamento possa conceber.

Reconhecendo esta fraternidade de auxiliares, os devotos serão seus auxiliares conscientes, assumindo a sua parte no fardo do Universo, suportando a sua parte do fardo comum e desejando mais poder para usar no auxílio mútuo, maior sabedoria para ser usada na iluminação da ignorância. Sempre procuram servir, e reconhecem os eus no exterior bem como o Eu no interior.

Aqueles que trilham o caminho da devoção realizam a renúncia como o fazem aqueles que estão no caminho do conhecimento, porém a sua renúncia é de tipo diferente. Não é a renúncia severa do conhecimento que diz "não me vincularei pelo apego a objetos transitórios porque eles me trarão de volta ao nascimento". É a renúncia alegre daqueles que veem além deles próprios os poderosos auxiliares da humanidade, e que, desejando servi-Los, não podem preocupar-se com nada que possa detê-los. Esses devotos oferecem tudo a Eles – não com severidade, para que sejam livres, e sim com alegria a fim de darem tudo a Eles. Não partem o desejo com um machado como se poderia partir a corrente que nos aprisiona, porém queimam o desejo no fogo da devoção, pois aquele fogo queima tudo que não está em unidade com o seu calor e com a sua chama.

Esses servidores estão livres do *karma*, livres porque nada desejam exceto servir, ajudar, alcançar a união com o seu Senhor e união com a humanidade. Esse serviço de fato os separará dos sentidos e da mente, mas o desapego será para servirem melhor. Assim é a lição aprendida pelos devotos: é nosso dever agir, porque sem a ação o mundo não poderia continuar; é nosso dever agir exatamente onde nos encontramos, porque ali está o dever para o qual nascemos e o qual devemos cumprir com perfeição.

Não obstante, os devotos não procuram os frutos da ação. Compreendendo que estamos aqui para agir, eles o farão, porém não tanto para eles próprios. O seu pensamento estará fixo no serviço e no amor, e, nas palavras de Sri Krishna na *Gitā*, os sentidos e a mente mover-se-ão para os seus objetos apropriados enquanto permanecermos desagrilhoados internamente.

Os Mais Sábios Acima de Nós

Se fizermos o nosso melhor trabalho e o mais sábio, se em nome do amor oferecermos os nossos melhores pensamentos e esforços em prol do serviço à humanidade, então, no momento em que a ação for realizada, não teremos qualquer desejo quanto ao resultado, exceto que esteja de acordo com a vontade e orientação dos mais sábios acima de nós. Separamo-nos totalmente da ação; realizamos a nossa parte, deixando para eles um campo livre e desobstruído, onde todas as grandes energias espirituais podem desabrochar de forma irrestrita e não afetada por nossa cegueira e fraqueza. Não nos interessamos mais pelo resultado. Assim, deixamos a cargo Deles tornar perfeita a nossa fraqueza com a sua força, corrigindo as nossas falhas com a Sua sabedoria, os nossos erros com a Sua retidão. As falhas que cometemos perdem grande parte do seu potencial negativo; embora recebamos a dor pelos erros, a ação terá sido correta porque o desejo foi o de servir. Se com ele não misturarmos a nossa própria personalidade, então, até mesmo do erro surgirá o sucesso; o fracasso, sendo apenas do intelecto, cederá caminho às forças mais poderosas do Espírito que é movido pelo amor.

Então toda a ansiedade desaparece. A vida que está em paz interior nesta devoção não experimenta ansiedade no mundo exterior. Ela realiza tudo da melhor forma possível e, se erra, sabe que a dor ensinar-lhe-á sobre seu erro. Aceitará de bom grado a dor que ensina a sabedoria e, assim, prepara o ser, transformando-o em um participante no trabalho das grandes Almas que são os Construtores do mundo. A dor pelo erro não causa aflição; a dor pelo erro é vista apenas como uma lição. Assim considerado, não poderá afetar a serenidade da alma, que apenas deseja aprender a agir corretamente e não se preocupa com o preço que paga, se puder tornar-se melhor servidor da humanidade e dos nossos grandes Instrutores.

Ao realizarmos o melhor de nós, abandonando os resultados, verificamos que aquilo que chamamos de devoção é, de fato, uma atitude da alma. É a atitude do amor, o atingimento da paz. A alma, tendo a sua face sempre voltada para a Luz Daqueles que residem internamente, está sempre pronta para o serviço. Pela sua luz encontra novas oportunidades de serviço todos os dias.

Devoção a Quem?

Você pode dizer: a quem é oferecida essa devoção? A raiz dessa devoção precisa ser encontrada em cada um de nós onde quer que estejamos, em devoção àqueles que vivem ao nosso redor. Falar de devoção não terá valor se não se expressar em uma vida de amor. E esta vida de amor terá de começar onde o amor for útil para quem estiver mais próximo. Os verdadeiros devotos são aqueles que, ao não pensarem ou cuidarem de si próprios, pensam e cuidam daqueles que estão ao seu redor. Em virtude da grande paz de seu próprio desprendimento, são capazes de encontrar espaço para todos os problemas e lutas dos seus companheiros. Assim, a vida da devoção iniciar-se-á no lar, no perfeito cumprimento de todos os deveres caseiros. A vida dos devotos brilha com todo o esplendor que pode ser trazido à vida do lar, ao suportar todos os fardos domésticos, ao iluminar todos os fardos para os outros, aceitando-os como seus próprios.

Então a devoção transfere-se da vida do lar para a vida do mundo mais amplo, onde se oferece o que se tem de melhor. Os devotos jamais perguntam: Será que isto é problemático? Será que é doloroso? Não seria melhor fazer algo diferente? Pois a sua única vontade é a de servir; e o melhor que podem dar é aquilo que eles desejam dar.

Daquela vida de serviço – primeiro ao mais próximo e depois àqueles que estão mais distantes – origina-se o fogo purificador da devoção que torna mais clara a nossa visão Daqueles que estão além e, acima de nós, porquanto apenas ao servirmos e amarmos aqueles ao nosso redor é que começarão a abrir-se os olhos do Espírito. Desta forma, reconheceremos que existem, além de nós, auxiliares prontos a nos ajudar como fizemos com os outros.

Neste caminho de devoção não há ajuda dada ao indivíduo enquanto indivíduo; é apenas dada pelos grandes Seres, além de nós, se por nossa vez nós a transferirmos para os outros. Estar sempre ajudando constitui nosso apelo para sermos ajudados. Assim, uma doação para nós individualmente é uma doação para todos aqueles que necessitam.

Quando nossos olhos estão mais claros, e reconhecemos essas inúmeras gradações de Inteligências Espirituais, compreendemos que algumas delas estão encarnadas ao nosso redor. Reconhecendo Aqueles que são maiores do que nós próprios, teremos capacidade de nos elevarmos gradualmente até que vejamos os Seres ainda maiores além daqueles; e os Seres maiores ainda além, pois neste caminho do progresso espiritual pela devoção, cada passo abre novos horizontes. Cada forma de clarear a visão espiritual faz com que ela se aprofunde mais e mais naquela intensidade de Luz na qual as Inteligências espirituais mais elevadas estão protegidas dos olhos da carne e do intelecto. Assim, a alma do devoto reconhecerá com alegria toda a excelência humana e amará e admirará aquela excelência onde quer que se encontre. Os devotos podem ser representados por adoradores de heróis, não por não enxergarem falhas nos seres os quais admiram, mas por apreciarem o bom neles e amar esse aspecto, deixando que o reconhecimento do bom ultrapasse as críticas provenientes das falhas. Os devotos amam e servem aqueles que admiram pelo que são e olham com caridade para as suas faltas.

À medida que os devotos veem e reconhecem a excelência naqueles que estão ao seu redor, entram em contato com discípulos em níveis superiores aos daqueles em que comumente se movimentam no mundo, aqueles que alcançaram um pouco mais além e que veem um pouco mais profundamente. Entram em contato com Espíritos que estão gradualmente queimando toda a ignorância e todo o egoísmo e que estão em contato direto com Aqueles que chamamos Mestres, os membros da grande Loja Branca. Os devotos amarão e servirão aqueles discípulos até o máximo de suas possibilidades caso estas surjam, sabendo que todo este trabalho nos purifica, bem como auxilia o mundo, e nos transforma cada vez mais em canais para as energias que desejamos espalhar entre aqueles que têm a visão mais limitada do que nós. Depois de certo tempo, através desses Seres, os devotos entram em contato com os Mestres, aquelas encarnações mais elevadas e mais poderosas da humanidade. Eles estão muito acima de nós em pureza espiritual, em sabedoria espiritual, em altruísmo perfeito. Afiguram-se como deuses em comparação à humanidade inferior, pois cada vestimenta Neles é translúcida, e a Luz do Espírito brilha através Deles sem qualquer obstáculo. Não são diferentes de nós em sua essência, porém em sua evolução, porque as vestimentas em nós ocultam a luz em nosso interior, ao passo que as vestimentas Neles são puras.

Os Mestres ajudam, guiam e ensinam quando o devoto alcança os seus pés por esse caminho da devoção. Estar em contato com Eles significa avançar no caminho do conhecimento espiritual, porque, sem a devoção, as alturas superiores poderão não ser conquistadas.

As palavras do Mestre de um discípulo indiano transmitem o significado da devoção de forma muito melhor do que quaisquer palavras minhas. Ele escreveu:

> A devoção aos Abençoados é um *sine qua non* de todo o progresso e conhecimento espiritual. Proporciona-lhe a atitude correta com que trabalhar em todos os planos da vida. Cria a atmosfera adequada para a alma crescer e florescer em amor e beleza, em sabedoria e poder. Ela afina a lira do coração e assim possibilita ao músico tocar as notas corretas. É esta a função da devoção. Porém você terá de conhecer as notas que precisa tocar, seus dedos terão que aprender a mover-se nas cordas e você deverá ter um ouvido musical, ou melhor ainda, um coração musical... O que é a sintonia adequada em relação ao instrumento musical, é a devoção para a Mônada humana. Porém outras faculdades são necessárias para produzir as diferentes melodias suaves.

Eis o significado da devoção em poucas palavras. É a sintonia do coração. O conhecimento poderá ser necessário para as diferentes melodias desejadas, porém a devoção sintoniza o coração e a alma, de maneira a que toda a melodia possa expressar-se em harmonia perfeita. Depois surge o crescimento em amor, em conhecimento e em pureza espiritual. Todas as forças das esferas espirituais ajudam esta alma que deseja elevar-se para o serviço, e toda a potencialidade

Daqueles que já obtiveram êxito é usada para auxiliar aquele que deseja obtê-lo, a fim de que ele ou ela possam melhor servir.

O Significado da Devoção

O que significa a devoção na vida? Ela significa visão mais clara, de maneira que possamos ver o reto caminho; significa amor mais profundo, de maneira que possamos servir melhor; significa paz e tranquilidade inabaladas, para que nada possa nos agitar ou perturbar, porque, concentrados nos Abençoados em devoção, nada há que possa afetar a alma. Através daqueles Seres Abençoados projeta-se a Luz que surge do que está além deles, a qual eles focalizam para ajudar os mundos. Eles possibilitam aos nossos fracos olhos suportarem a radiância.

E eis aqui a paz, a visão, o potencial do serviço – é isto que a devoção significa na vida. O Eu que os devotados sinceros procuram puro; aquele Eu é Luz (*Mundakopanishad*, iii. I.10) – Luz que nenhum solo pode tornar impuro, Luz que nenhum egoísta pode diminuir até que o próprio devoto desapareça na Luz que é ele próprio, porque o próprio eu de todos é Luz e Amor. Finalmente surge o momento, para os Mestres, em que aquela Luz se projeta através da pureza transparente e imaculada e oferece seu pleno fulgor para auxiliar o mundo. É este o significado da devoção. Este significado, por mais deficientes que sejam as palavras para expressá-lo, e todas as palavras são insuficientes, constitui a vida interior daqueles que amam, daqueles que reconhecem que a vida é destinada ao serviço e que a única coisa que vale a pena é queimá-la no fogo da devoção, de modo que o mundo possa ser iluminado e aquecido.

É este o objetivo que termina, não na libertação, porém no serviço perfeito. A libertação apenas advém quando todos estiverem livres, quando todos ingressarem na bem-aventurança indescritível e que, uma vez terminado aquele período de bem-aventurança, torna a projetá-lo como participantes conscientes cuja memória está ligada às regiões espirituais mais elevadas, porque eles conquistaram o seu direito de serem trabalhadores conscientes para sempre, em todos os *manvantaras* futuros. A vida de amor jamais exige a libertação em troca de serviço. Enquanto perdurar a eternidade, a Alma que ama trabalha para o Universo e serve-O.

5

A CESSAÇÃO DO SOFRIMENTO

A *Bhagavad-Gitā*, ao definir a natureza trina do prazer, diz que há um prazer nascido do conhecimento sublime do "Eu" que "põe um fim ao sofrimento" (xviii. 36 e 37). Os prazeres são muitos, mas "os deleites oriundos do contato constituem na verdade fontes de dor", ao passo que apenas aquele "cujo eu não está ligado aos contatos externos... usufrui felicidade isenta de decadência" (v. 11 e 12).

Ao olharmos para as faces das pessoas que encontramos todos os dias na cidade ou nos subúrbios, no ônibus ou no trem, pessoas idosas, de meia idade e jovens, homens e mulheres, e até mesmo crianças, vislumbramos neles insatisfação e preocupação, problemas e intranquilidade. Raramente temos a alegria de encontrar uma face serena e feliz, isenta de rugas formadas pelas preocupações e ansiedades, um rosto que transmita a mensagem de uma alma em paz consigo mesma e com todos aqueles ao seu redor, de "um coração livre", sem pressa, forte. Deve haver alguma causa para esta característica geral que se intensifica com o aumento da "civilização". Contudo, é um mal que pode ser evitado, conforme evidenciam aquelas raras presenças suaves com uma atmosfera mais serena e que irradiam paz da mesma maneira como outros irradiam intranquilidade.

Um problema assim tão generalizado deve ter as suas raízes profundamente arraigados na natureza humana, e deve existir como remédio algum princípio fundamental, situado na mesma profundidade do problema. Deve haver algum erro que cometemos e que deixa em nós esta marca de tristeza. Se assim for, então a ignorância é responsável pela nossa tristeza, e o conhecimento do erro colocaria o remédio ao nosso alcance.

Eras atrás este conhecimento foi transmitido pelos *Upanishads*; há algo menos que cinco mil anos atrás, foi exposto na *Bhagavad-*

-*Gitā* original; há vinte e quatro séculos, o Senhor Buddha apresentou o ensinamento imemorial na mais límpida linguagem; há mil e novecentos anos, o Cristo ofereceu a mesma dádiva ao mundo ocidental. Algumas pessoas, ao aprenderem a mensagem, ingressaram na paz suprema; algumas, esforçando-se seriamente por aprendê-la, estão percebendo o seu toque distante como uma realidade cada vez mais aparente; outros, vendo sua radiância longínqua por entre uma abertura momentânea nas nuvens da tormenta, aspiram ansiosamente por alcançá-la. Mas as miríades de almas sobrecarregadas não lhe têm conhecimento ou sequer sonham com ela. Contudo, este conhecimento não está distante de qualquer um de nós. Talvez a repetição do ensinamento antigo possa ajudar aqui e acolá para escapar à teia da tristeza, rompendo a ligação com a dor.

A Causa do Sofrimento

A causa do sofrimento é a sede pela vida separada em que se inicia a individualidade. Sem aquela sede, a semente eterna não poderia tornar-se um centro de autoconsciência capaz de conviver com as tremendas vibrações que desintegram Universos. Aquela semente não seria capaz de permanecer sem uma circunferência, com o poder de renovada geração, agindo assim como um eixo para o Movimento eterno, quando girará a grande roda para a nova "peregrinação logo após". A menos que fosse desperta a sede por vida separada, os Universos jamais poderiam vir a manifestar-se. Esta sede terá de continuar em cada alma até que tenha realizado a sua poderosa tarefa – um paradoxo para o intelecto, porém um truísmo para o espírito – de formar um centro que é eterno e ao mesmo tempo é tudo.

Enquanto esta sede por vida separada sempre atrai a alma para o oceano dos nascimentos e mortes, um componente ainda mais profundo do seu ser impulsiona-a a procurar a união. Todos nós procuramos a felicidade, mesmo cegamente. Esta busca não precisa de justificativa; ela é um instinto universal. Até mesmo aqueles que torturam o corpo e parecem pisotear sobre a felicidade, escolhem o vale da dor apenas porque acreditam que seja o caminho mais curto para uma alegria mais profunda e mais perene.

Ora, o que é a essência da felicidade, encontrada tanto na paixão do homem sensual como no êxtase do santo? É a união com o objeto do desejo, o desejo de tornar-se uno com aquilo que promete deleite. O bêbado que engole a sua bebida, o avarento que se agarra ao seu ouro, o amante que abraça a sua bem-amada, o artista que se satura na beleza, o pensador que se concentra na sua ideia, o místico que se perde no empirismo, o iogue que submerge na Divindade, todos estão encontrando a felicidade em união com o objeto do desejo. Porém o seu lugar na evolução é mostrado pelo objeto com o qual eles procuram se unir. A marca distinta de uma alma de pouca evolução ou de uma alma sublime não é a busca da felicidade, mas a natureza do objeto que proporciona a felicidade.

A Vida nas Formas

Em qualquer Universo, a vida Una está evoluindo em muitas vidas através de uma série ascendente de formas. As vidas manifestam-se como energias, revelando-se e desenvolvendo-se ainda mais através de formas. Para que estas vidas possam assim desenvolver-se, as formas precisam continuamente mudar, pois cada forma é primeiro um instrumento e, após, uma prisão. À medida que os poderes latentes em uma vida – sempre inseparável da vida Una, como uma planta de sua raiz oculta – são trazidos à manifestação pela ação ambiental sobre eles, a forma que constitui o seu valioso veículo torna-se um molde a confiná-la. Ou a vida terá que perecer, sufocada sob a ação da forma que moldou, ou a forma terá que fragmentar-se e libertar a vida em forma embrionária de um tipo mais elevado. Porém a vida não pode perecer, sendo uma ramificação do Eterno. Portanto, a forma terá de romper-se. A ruptura de uma série de formas ao redor de uma vida em contínua expansão significa evolução.

A expansão desta vida pode ser comparada à expansão da vida em uma semente do núcleo para o embrião, do embrião para o broto, do broto para a pequena planta e dela para a árvore capaz de prover sementes iguais àquela da qual ela cresceu. Todo o crescimento é o desabrochar de poderes ocultos, poderes que em um *Logos* atingiram seu ponto mais elevado para aquele Universo – seu Universo – poderes que Ele planta como sementes de cada vida separada. Como a água sempre se eleva até o seu próprio nível, assim acontece com esta vida que é derramada para elevar-se ao nível de sua origem; como a massa atrai a massa, assim cada vida, que é separada na manifestação, procura a vida Una. Aquela vida Una exerce incessantemente uma força de atração ascendente. O Eu embrionário em cada um responde ao Eu Supremo e busca cegamente, tateando em direção àquela Unidade dentro de muitos, a Unidade que é ela própria.

Assim surgem os contatos externos. As formas encontram-se pelo impulso interior do Eu, depois se fixam ou colidem. A força de atração é o Eu em todos; a variedade, o prazer ou a dor, está nas formas.

Além disso, a vida em uma forma procura a vida em outra forma. Porém a forma encontra apenas a forma de outros, frustrando assim aquele que procura. As formas constituem barreiras entre vida e vida; elas não podem entremisturar-se e são mutuamente exclusivas. A vida poderia misturar-se com a vida como dois rios misturam as suas águas, porém, visto que os rios não podem se unir enquanto cada um está deslocando-se dentro do seu próprio leito, assim as vidas não podem se unir enquanto as formas encerram cada vida dentro de seu próprio invólucro.

Vamos reunir os nossos fios e trançá-los juntos para que nos guiem através do labirinto da vida, de maneira que possamos vencer a tristeza:

A sede pela vida separada é necessária para formar
aquele que persiste.
Existe uma busca permanente por felicidade.
A essência da felicidade reside na união com o objeto do desejo.
A Vida Una evolui através de muitas formas impermanentes.
Cada vida separada procura esta vida que é ela própria, e
assim as formas entram em contato.
Estas formas excluem-se reciprocamente e mantêm distanciadas
as vidas intrínsecas.

Podemos agora compreender como surge a tristeza. Uma alma procura a beleza e encontra uma forma bela; ela se une àquela forma e nela regozija-se; a forma perece e resta um vazio. Uma alma procura o amor e encontra uma forma amável; ela une-se à forma e nela encontra alegria; a forma perece, e o coração torna-se desolado.

Porém, mesmo unir-se a uma forma e perdê-la é menos doloroso que a experiência do fastio, que o abandono de um prêmio conquistado a duras penas, que a desilusão seguida de desilusão, que uma nova ilusão e desgosto sempre renovado.

Olhando pelo mundo afora, descobrimos que todo o sofrimento da evolução normal é devido à união com formas mutáveis e transitórias, que os cegos e ignorantes procuram a felicidade permanente, prendendo-se a formas perecíveis. São esses os "prazeres que nascem do contato," citados na *Gitā*. Uma vez que levam ao fastio, ou, na melhor das hipóteses, resultam em perdas, são verdadeiramente descritos como "ventres de dor".

Contra isto somos impulsionados à busca do "bem-aventurado conhecimento do Eu." Deixemos a vida procurar a Vida, e o caminho para a felicidade terá sido encontrado; deixemos o eu procurar o Eu e estender-se-á diante de nós o caminho que conduz à paz. Procurar a felicidade através da união com as formas significa permanecer no transitório, limitado, conflitante; procurar a felicidade pela união com a Vida significa estar em paz com o permanente, o infinito, o harmonioso.

Será que isto significa eliminar das nossas vidas as alegrias e as belezas, tornando-nos solitários em incomensuráveis profundezas de espaço? Não é assim, pois aquilo que amamos no nosso ser amado não é a forma, senão a vida, não é o corpo, mas a alma. O amor de visão clara pode saltar através do abismo da morte, da corrente da desmemória do nascimento, encontrar-se e firmar-se a si mesmo sem qualquer equívoco, embora uma forma nova e estranha sirva de invólucro para a joia da alma que conhece. Quando vemos isto, compreendemos a causa do sofrimento, uma vez que, sendo vida e não forma, unimos a nossa vida com a vida, e não com a forma, de nossos entes queridos. Unimo-nos com eles cada vez mais à medida que forma após forma é fragmentada pela severidade compassiva de uma lei que é amor. Por fim, encontramo-nos não em número de dois, mas de um, unidos também à Vida que está dentro, ao redor e através de tudo. Embora em meio ao que foi separado, não estamos separados. Pusemos um fim à dor. Esta é a cessação do sofrimento, o ingresso na paz.

Além disso, no caminho para a bem-aventurança, a compreensão da causa da tristeza remove-lhe a ferroada. Aprendemos que ela se mostra severa apenas por ser felicidade velada "que inicialmente se apresenta como veneno, mas ao final é néctar." Deste conhecimento brota uma grande serenidade que perdura como se pudesse vislumbrar que o fim pode "glorificar o Senhor nos fogos." Não deveria o ouro regozijar-se no fogo que o libera da escória sem valor?

Se não experienciássemos o sofrimento, não poderíamos desenvolver força. Grande força mental e moral não podem ser obtidas sem um destemido exercício, da mesma maneira como os músculos físicos não se desenvolvem sem exercício. A luta é uma condição das evoluções inferiores na Natureza; é o meio através do qual é desenvolvida a força. Apenas a força perfeita é tranquila.

Se não experienciássemos o sofrimento, não poderíamos desenvolver solidariedade. Através do sofrimento compreendemos tanto a dor como as suas necessidades, as exigências e como atendê-las. Tendo sido colocados à prova, aprendemos como ajudar eficazmente a outras pessoas; apenas aqueles que sobrepujaram as quedas podem auxiliar aos que caíram com aquela extraordinária compreensão que por si só evita que o auxílio seja insultante. Cada broto de dor abre-

-se em uma florescência de poder. Quem se lamentaria do esforço breve que faz surgir um Salvador?

Sem a experiência do sofrimento não poderíamos conquistar o conhecimento do bem e do mal. Sem isto, a nossa escolha consciente do mais elevado não poderia tornar-se certa e tampouco seria possível erradicar a raiz do desejo da união com as formas. A natureza inferior daqueles que são perfeitos já não almeja os deleites dos sentidos, mas é firmemente obstruída. Tais seres aperfeiçoados eliminaram da sua natureza inferior todas as suas próprias tendências e a integraram em harmonia perfeita (*yoga*) com eles próprios. Atravessam os mundos inferiores sem serem afetados por atrações ou repulsões, sua vontade sempre apontando na direção do mais elevado, operando sem esforço, com toda a inviolabilidade da lei e toda a flexibilidade da adaptação inteligente. Centenas de encarnações não serão demasiadas e miríades de anos não serão um período tão longo para construir tal pessoa.

Não esqueçamos jamais, na mais agitada tempestade de sofrimento, que esses estágios incipientes de nossa evolução, nos quais a dor desempenha papel tão importante, nada mais são do que estágios iniciais. Representam uma proporção infinitesimal de nossa existência ou ainda são incomensuráveis, pois como podemos medir o tempo em relação à eternidade, miríades de anos com uma vida interminável? Se falássemos do ciclo da reencarnação como o estágio jovem da humanidade, repleto de sofrimentos juvenis, exageraríamos a sua importância relativa, porque "nossa ligeira aflição, que nada é senão algo momentâneo, prepara-nos para o peso de uma glória muito maior e eterna". Portanto, quando se acumulam as nuvens da tempestade, devemos olhar, além delas, o céu imutável; quando as grandes ondas se chocam, eleve os seus olhos para a praia eterna. Até mesmo as forças mais negativas que nos dominam deverão apenas nos elevar e transportar adiante, pois somos inatos, imortais, constantes, imutáveis e eternos, e estamos aqui apenas a fim de forjar instrumentos para um serviço imortal, que é a liberdade perfeita.

6

O VALOR DA DEVOÇÃO

Entre as inúmeras forças que nos inspiram à atividade, talvez nenhuma desempenhe papel maior do que o sentimento que denominamos devoção, juntamente com alguns sentimentos que costumam mascarar-se sob este nome, ainda que diferentes em essência. Os autossacrifícios mais heroicos foram inspirados pela devoção, ao passo que os sacrifícios mais terríveis inflingidos a outras pessoas foram originados pelo fanatismo, sentimento falsamente aparentado com a devoção. Ela é um instrumento tão poderoso para nos elevar como o fanatismo para nos degradar. Ambos controlam a humanidade com poder excepcional e, em algumas de suas manifestações, parecem assemelhar-se. Mas um tem as suas raízes no conhecimento e o outro, na ignorância; um ostenta os frutos do amor, o outro, as maçãs envenenadas do ódio.

Torna-se necessária uma clara compreensão da natureza da devoção antes que possamos estar em uma posição de avaliá-la e distingui-la. Precisamos traçar-lhe as origens na natureza humana e verificar em qual parte desta natureza ela surge. Precisamos conhecê-la a fim de que possamos praticá-la; pois da mesma maneira que o conhecimento sem a prática é ineficaz, assim a prática sem conhecimento constitui desperdício. A emoção que não é ajustada pelo conhecimento, semelhante ao rio a transbordar suas margens, dispersa-se em todas as direções como uma enchente devastadora, ao passo que a emoção guiada pelo conhecimento é como o mesmo rio fluindo em canais apropriados, fertilizando a terra por onde passa.

Se estudarmos a natureza interior da humanidade, descobriremos que ela prontamente revela três aspectos marcantes que se distinguem um do outro como o espiritual, o intelectual e o emocional. Ao estudá-los em maior profundidade, aprendemos que a natureza espiritual é aquilo em que todas as individualidades separadas são inatas. Constitui a raiz comum, a influência unificadora; o princípio que, quando desenvolvido, possibilita-nos compreender conscientemente a unidade de tudo que vive.

Pode-se dizer que a natureza intelectual é a sua antítese. É a força individualizante, aquilo que faz do Uno os muitos. O seu autopercebimento é o "eu", e ela faz uma aguda divisão entre o "eu" e o "não eu". Conhece-se a si mesma à parte, separada, e opera melhor no isolamento, recolhida, autoconcentrada, indiferente àquilo que lhe é exterior. A raiz da devoção, de um sentimento que se precipita para o exterior, não pode ser encontrada aqui. O intelecto pode apenas aprender, não pode mover-se. A natureza emocional é a força energizante responsável pela ação, é aquilo que sente. É isto que nos atrai ou nos repele em relação a um objeto, e veremos que a devoção tem aqui a sua origem.

A Raiz da Devoção

Ao estudarmos a natureza emocional, observamos que ela possui dois aspectos – atração e repulsão. Está sempre nos movendo no sentido da aproximação ou do afastamento de objetos que nos envolvem, conforme estes objetos nos proporcionem prazer ou dor. Todos os sentimentos que nos atraem a outrem enquadram-se na atração e são formas de amor. Todos aqueles que nos repelem enquadram-se na repulsão e constituem formas de ódio.

Ocorre que o amor reveste-se de diferentes formas e é chamado por nomes diferentes, dependendo do seu objeto situar-se acima, abaixo ou em seu nível. Dirigido aos que estão abaixo, recebe o nome de piedade, compaixão, benevolência; dirigido aos que estão no mesmo nível, é denominado amizade, paixão, afeto; dirigido àqueles que estão acima é reverência, adoração, devoção. Assim, delineamos a origem da devoção no lado amoroso da natureza emocional e a definimos como o amor direcionado a um objeto superior àquele que ama. Quando o amor é dirigido ao guru ou a Deus, então o denominamos corretamente de devoção, pois neste caso ela é direcionada a um superior e revela a característica de todo o amor oferecido àqueles que são superiores a nós próprios: autoentrega.

Aqui temos o ponto pelo qual podemos separar a devoção do fanatismo que inspirou guerras, perseguições e animosidades religiosas. Elas têm as suas raízes no ódio e não no amor; afastam-nos dos outros ao invés de nos atrair em sua direção. Em nome do amor a Deus, as pessoas ferem os seus semelhantes. Mas quando analisamos a motivação de suas ações, descobrimos que não é amor, e sim o sentimento de que estão certos e os outros errados na separatividade que sentem em relação a outras pessoas e no sentimento de repulsa a elas, em virtude de suas supostas posições errôneas. A raiz do fanatismo é o ódio. Dele surgem as águas amargas que esterelizam o coração no qual fluem. Podemos julgar aquilo que consideramos devoção em nós próprios através disto: se nos torna humildes, gentis, tolerantes e amáveis em relação a todos, então será verdadeira devoção; se nos torna orgulhosos, endurecidos, separados, se nos faz suspeitar de todos, então, por mais generoso que possa afigurar-se, será a escória e não o ouro.

A devoção, como uma forma de amor, pode apenas fluir quando se apresentar um objeto atraente em sua própria natureza, um objeto que proporciona felicidade. Todas as pessoas procuram a felicidade, e o que quer que seja que as atraia e as chame para si, isto parecerá constituir a felicidade. A felicidade é o sentimento que acompanha o aumento da vida. Todos os esforços em sua direção constituem esforços para união com objetos, a fim de absorver a sua vida, expandindo desta maneira a vida que as absorve. A felicidade é resultante desta união, porque nela é intensificado o sentimento de vida.

Basicamente, o impulso de procurar união origina-se do Eu, buscando vencer as barreiras que separam os seus eus nos planos inferiores. A atração entre os eus é o Eu em cada um procurando o Eu no outro. "Eis que o marido é amado, não por ser marido, mas por ser o Eu. Eis que a esposa é amada, não por ser a esposa, mas por ser o Eu." E assim também ocorre com os filhos, com a riqueza, *Brah-*

manas, *Kshattriyas*[11], os mundos, os deuses, os *Vedas*, os elementos, enfim: "Eis que o Todo é amado, não por ser o Todo, mas por ser Eu." (*Brihadaranyakopanishad*, VI.v.6). O Eu procura o Eu, e esta é a busca universal por felicidade, frustrada pelo embate da forma com a forma, a obstrução dos veículos em que os eus separados residem. A bem-aventurança verdadeira e permanente está na união com o Eu, a vida Oniabarcante, na Autoidentificação consciente com o Todo e na expansão no Todo.

Objetos de Devoção

Objetos atraentes são necessários para fazer brotar a devoção. Tais objetos são apresentados de forma mais completa nas revelações do Eu Supremo feitas através da forma humana nas encarnações divinas que surgem de tempos em tempos os Avatares. Esses seres configuram-se supremamente atraentes pela beleza de caráter que exprimem, pelos raios do Eu que brilham através do véu humano, ocultando, de modo imperfeito, sua graça divina, Quando aqueles que são beleza, amor e bem-aventurança revelam um pouco de si próprios na Terra, envoltos em forma humana, os nossos olhos fatigados iluminam-se, e os nossos corações cansados expandem-se com nova esperança e novo vigor. Sentimo-nos irresistivelmente atraídos por aqueles grandes seres, e, de modo espontâneo, brota a devoção.

Entre os cristãos, a intensidade da devoção religiosa flui para o Cristo, o Homem Divino, considerado como uma encarnação da Divindade, muito mais do que para "Deus" no abstrato. É o seu lado humano, sua vida e sua morte, a sua simpatia e compaixão, a sua delicada sabedoria e sofrimentos pacientes, que comove os corações à paixão da devoção; como o Homem dos Sofrimentos, o sofredor inocente e apto, ele conquista o amor para sempre; a memória dele como ser humano cativa os cristãos. Segundo exprimiu um de seus

11 É uma das quatro castas em que se dividem os adeptos da tradição do Bramanismo, a dos "guerreiros". (Nota Ed. Bras.)

devotos: "A cruz de Cristo representa mais para nós do que todos os Seus milagres".

O mesmo acontece com os Salvadores em outras crenças. Sri Rama, rei divino, e Sri Krishna, o amigo e amado, conquistam a imortal devoção apaixonada de milhões de corações humanos. Tornam a Divindade atraente ao suavizar-lhe sua radiância estonteante, transformando-a em uma luz que os olhos humanos podem suportar à medida que brilha através do véu da humanidade. Limitam os atributos divinos até que se tornem pequenos o suficiente para que a inteligência humana possa compreendê-los. Representam o objeto de devoção, atraindo o amor pela sua amabilidade perfeita. Basta que sejam vistos para que sejam amados; se Eles não são amados, será tão-somente por não terem sido vistos.

A devoção a encarnações divinas não constitui tema de debate ou discussão. No momento em que uma delas é vislumbrada pela visão interior, o coração cai aos seus pés espontaneamente. A devoção pode ser cultivada pela razão e pode ser aprovada e nutrida pela inteligência. Mas o seu impulso básico origina-se no coração e não no cérebro, e flui espontaneamente na direção do objeto que o atrai para o brilho do Eu através de um véu translúcido.

Depois, os Instrutores vêm como objetos de devoção, pois, tendo eles próprios obtidos a libertação, permanecem por sua vontade ao alcance da humanidade, conservando corpos humanos enquanto usufruem da consciência do *Nirvāna* em planos elevados. Situam-se, por assim dizer, entre os Avatares e os gurus terrenos que são seus discípulos. Esses gurus ainda não atingiram a Libertação, mas para aqueles que vivem na Terra é difícil distingui-los dos Avatares, e eles atraem as pessoas com a mesma atração irresistível. O Avatar, na verdade, é superior a um Mestre, porém esta grandeza reside no lado não terreno de sua natureza, e não podemos imaginar perfeição mais completa do que a dos Mestres de Sabedoria.

Em comunicação física mais constante conosco estão os gurus, instrutores espirituais diretos daqueles que estão no caminho íngreme que conduz à perfeição humana. Embora ainda desfigurados por fraquezas, esses gurus avançaram adiante o suficiente em relação aos seus companheiros para servirem como guias e auxiliares, e a maior parte dos estágios iniciais do progresso é trilhada pela devoção a eles. Estão próximos do limiar da Libertação e em breve ultrapassarão a sua própria categoria espiritual. Desta forma, como elos espirituais são imperecíveis, eles estarão aptos a atrair os seus devotos com força majorada. O amor que lhes é dado reforça e expande a natureza dos seus devotos e não há um caminho de devoção mais seguro, no seu significado mais elevado, do que o amor e a confiança dispensados a um guru terreno.

Em parte alguma isto foi compreendido de forma tão acentuada como no Oriente, onde o amor e o serviço ao guru sempre foram considerados necessários ao progresso espiritual. Muito da decadência da Índia moderna se deve à ignorância, ao orgulho, à ausência de espiritualidade daqueles que ainda ostentam o nome antigo, enquanto estão desprovidos das qualidades outrora implícitas. Pois da mesma maneira como o melhor vinho produz o vinagre mais ácido, assim a degradação dos mais altos atinge a maior profundidade.

Como, então, deverá ser evocada e nutrida a devoção? Somente pelo encontro com um objeto adequado de devoção no mundo exterior ou interior e com a cessão de forma integral e irrestrita à atração que ele exerce. Reconhecer cordialmente a supremacia, sempre que for encontrada, o domínio do espírito crítico e de censura que se concentra em defeitos e ignora virtudes; estes fatores preparam a alma para reconhecer o guru quando ele ou ela aparece. Muitos não encontram o seu instrutor devido ao hábito mental de concentrar a atenção em imperfeições e não na beleza, vendo apenas as manchas solares e não o próprio Sol. Além disso, o reconhecimento da excelência revela a capacidade de reproduzi-la; vibrações solidárias são emitidas apenas pela corda sintonizada para produzir ela mesma uma nota semelhante. A alma conhece sua irmã, ainda que de idade mais avançada; apenas aqueles sensíveis à grandeza é que são levados a responder o chamado dos Grandes.

Quando o guru é encontrado e se estabelece o vínculo, o primeiro grande passo é dado. Segue-se, então, o cultivo permanente da devoção ao guru, e, através dele ou dela, Àqueles que estão além e ao Supremo Eu manifesto na forma. Mas precisamos lembrar-nos de que o guru constitui um meio e não um fim, a transmissão e não a origem da Luz Divina, uma Lua e não um Sol. Os gurus auxiliam, reforçam, guiam e desenvolvem os seus alunos, porém o objetivo é o Eu brilhando no discípulo, o Eu que é Uno e que está tanto no guru como no discípulo.

Alimentando a Devoção

A devoção aos Avatares, que são a corporificação do Eu, pode ser alimentada e intensificada pela leitura e meditação sobre suas mensagens e fatos de suas vidas na Terra. Constitui um bom plano ler a respeito de um episódio e depois visualizá-lo de forma vívida em sua mente, empregando a imaginação para produzir uma imagem plena e detalhada, sentindo-se ali presente como espectador ou ator. Este uso deliberado da imaginação origina a devoção. Efetivamente leva os devotos ao contato com a cena imaginada, de maneira que um dia eles próprios possam perscrutar os registros do *Ākasha*[12] sobre o evento. Eles serão parte daquela imagem viva, aprendendo lições inimagináveis de sua presença naquele local.

Outra forma de culto à devoção é passar o tempo na companhia daqueles em quem a devoção expressa-se de forma mais acentuada do que em nós próprios. Da mesma maneira como a madeira queima ao ser lançada na brasa, fazendo com que as chamas irrompam vividamente outra vez, também estar próximo do calor da devoção em outra pessoa reestimula a energia de uma alma mais fraca. Também aqui o discípulo poderá ganhar muito por estar na companhia do guru, cuja força mais firme energizará a sua própria. O antigo sábio indiano, Narada, nos seus *sūtras* admiráveis, assim nos instrui sobre o culto à devoção, e quem poderia ensinar-nos melhor do que o devoto ideal?

---

12 A essência espiritual sutil e supersensorial que permeia todo o espaço. É o Espaço Universal em que está inerente a Ideação eterna do Universo. No *Ākasha* é possível "ler" sobre fatos passados, presentes e futuros. (Nota Ed. Bras.)

É quase desnecessário acrescentar que a contemplação, a meditação e a adoração ao objeto da devoção vivificam e intensificam o amor. Na agitação da vida moderna, esquecemos o poder do pensamento tranquilo e não propiciamos o tempo necessário para o seu exercício. Pensar sobre aquele que amamos intensifica o amor, de maneira que futuros devotos devem dedicar tempo ao objeto de sua devoção. E não é o seu pensamento apenas que está atuando. Como uma planta não pode crescer sem a luz solar, assim a devoção não pode crescer sem os raios de calor e energia que fluem do seu objeto. As almas mais velhas projetam muito mais amor do que o recebem, e sua luz e calor permeiam e fortalecem a alma mais jovem. O guru ama o discípulo e Deus ama o devoto muito mais do que o discípulo ama o guru ou o devoto ama a Deus. O amor do devoto para o seu Senhor é apenas um fraco reflexo do amor Daquele que é o próprio Amor. Diz-se que quando uma criança lança uma pedra ao solo, toda a terra em sua grandeza move-se na direção da pedra bem como a atrai para si própria. A atração não pode ser unilateral. No mundo espiritual, quando damos um passo na direção de Deus, Deus dá cem passos na nossa direção; o oceano projeta as suas profundezas incomensuráveis na direção de qualquer gota que o procure.

O Valor da Devoção

Tendo visto a natureza da devoção, quais são os seus objetos e como ela pode ser intensificada, podemos adequadamente medir o seu valor a fim de encontrar um motivo para sua consecução.

A devoção modifica os devotos à semelhança daquele a quem amam. Salomão, o sábio hebreu, declarou que o homem é aquilo que pensa. O *Chhandogyopanishad* ensina-nos que somos criados pelo pensamento, que somos aquilo que pensamos. Mas o intelecto sozinho não pode facilmente ser formado à semelhança do Supremo. Como o ferro frio é duro e incapaz de ser malhado, mas ao ser aquecido no forno torna-se fluido e move-se prontamente dentro de qualquer molde desejado, assim também acontece com o intelecto. Ele precisa ser fundido no fogo da devoção, para, em seguida, formar-se à semelhança do Amado. Até mesmo o amor entre iguais, quando é forte, fiel e duradouro, molda-os à semelhança recíproca: marido e mulher tornam-se um com o outro, amigos próximos também adquirem semelhança recíproca. O amor dirigido a alguém acima de nós exerce seu poder transformador de modo ainda mais intenso e facilmente conforma a natureza que projeta, de forma plástica, à semelhança daquilo que está entesourado no coração.

A devoção evita a formação de novo *karma*, e quando o *karma* antigo for exaurido, o devoto estará livre. São Paulo declarou que ele próprio não mais vivia, mas que o Cristo vivia nele. Esta colocação passa a ser verdadeira para os devotos à medida que sua devoção conduz à entrega total àquele que amam. Eles pensam em seu corpo não como seu, mas como um instrumento usado pelo seu Senhor para ajudar o mundo. Todas as suas ações são realizadas como um dever para com o Amado. Eles se alimentam não para satisfazer o paladar, mas para manter o instrumento do seu Senhor em bom funcionamento. Eles pensam, não pelo prazer de pensar, mas para que o trabalho do seu Senhor possa ser realizado de forma mais perfeita. Os devotos unem a sua vida à vida daqueles que amam, pensam, trabalham e agem em uníssono com aquela vida superior, integrando seu canal menor de existência na corrente maior e encontrando profunda alegria ao sentirem-se parte da vida mais plena. Assim está escrito: "Tudo quanto faças, quanto comas, quanto ofereças, quanto does, quanto realizes com austeridade, Oh Kaunteya, faça-o como uma oferenda a Mim. Assim serás liberado dos vínculos da ação, que dão frutos bons e maus". (*Bhagavad-Gitā*, ix. 27, 28). Quando os frutos da ação não são desejados, quando as ações são realizadas apenas como sacrifício, não é criado *karma* pelo agente e não há vinculação à roda de nascimentos e mortes.

A devoção purifica o coração. Sri Krishna ensina-nos com palavras que inicialmente parecem estranhas, "mesmo o mais pecador, se Me adorar de todo o coração, deverá ser contado entre os justos...". Por que, perguntamos: "... porque se determinou corretamente; rapidamente, ele torna-se obediente e segue para a paz eterna ...". (*Bhagavad-Gitā*, IX-30, 31). No mundo superior somos julgados por motivações e não por ações, pela atitude interna e não por sinais externos. Quando sentimos devoção ao Supremo, abandonamos o mal e voltamos a nossa face para o objetivo; podemos tropeçar, desviar-nos, até mesmo cair, mas a nossa face está voltada na direção certa, estamos indo para casa. A força da devoção nos torna cumpridores do dever, porque procurar a união com o Amado faz com que lancemos de lado tudo que evita esta união. Para alguém que vê a finalidade desde o começo, somos justos quando a nossa face estiver voltada para a justiça. O nosso amor queimará o mal que encobre aquele a quem adoramos e produzirá em nós a semelhança ao que adoramos. Esta ação é tão certa, a lei é tão inviolável que somos "considerados justos". Deixamos de ser egoístas para sermos pessoas que estão em busca do Eu.

A devoção põe um fim à dor. O que fazemos pelo objeto do nosso amor é feito com alegria, e a dor é integrada na satisfação quando é suportada em nome do Amado. O amante terreno alegremente aceitará dificuldades, perigos e sofrimentos para conquistar a aprovação da sua amada ou algo desejável para ela. Assim, aqueles que vislumbraram algo da beleza do Eu, alegremente realizam o que é necessário para aproximarem-se mais desta união. Sacrificam sem se lamentarem, e até mesmo com prazer, tudo aquilo que os mantêm afastados da união com o amado. Para estarmos com aquele a quem amamos, prontamente aceitamos problemas, sacrificamos o conforto, e a alegria da presença do amado atribui encanto aos obstáculos supervenientes que nos separam. Assim, a devoção torna fáceis as dificuldades e agradáveis os eventos dolorosos. Porque o amor é um alquimista que transmuta tudo em ouro.

A devoção proporciona paz. O coração em paz no Eu está em paz com todos. Os devotos veem o Eu em tudo: todas as formas ao seu redor têm a marca do Amado. Como então podem eles odiar, desprezar ou repelir quem quer que seja, quando a face que amam lhes sorri por trás de toda máscara? "Os Sábios olham igualmente para um *brāhmana*, adornado com erudição e humildade, para uma vaca, para um elefante, e até para um cão e para um pária." (*Bhagavad-Gitā*, v. 18). Ninguém, nada, pode estar fora do coração dos devotos, uma vez que nada está fora do abraço do seu Senhor. Se amamos os próprios objetos tocados por aquele a quem amamos, como não amaremos todas as formas em que o Amado está entesourado? Uma criança a brincar pode colocar uma máscara repleta de ódio sobre a sua face sorridente, mas a mãe sabe que o seu filho querido está por trás. Quando no mundo-*lila*[13], ou jogo, o Deus estiver oculto sob formas repulsivas, os devotos não são repelidos, mas veem apenas o Amado. Não há criatura, em movimento ou imobilizada, que exista despojada do Senhor, e no coração do maior pecador reside o Sagrado.

Assim, retornamos ao nosso ponto de partida e aprendemos a reconhecer os devotos pelas suas atitudes em relação às criaturas suas companheiras. O seu amor abundante, a sua amabilidade, compaixão, piedade, solidariedade com todas as fés e ideais - tudo isso os distingue como amantes do Senhor do Amor. É dito de Sri Ramanujacharya[14] que, certa feita, foi-lhe dado um mantra pelo seu guru, e ele perguntou o que aconteceria se ele o passasse a uma outra pessoa. "Morrerás", foi a resposta; "e que acontecerá àquele que ouvir a respeito?" "Ele será libertado." Então o devoto de Sri Krishna correu para fora e, subindo até o topo de uma torre, gritou o mantra para a multidão nas ruas abaixo, não se importando com aquilo que lhe aconteceria, desejando apenas que os outros se tornassem livres do pecado e do sofrimento. Eis o típico devoto, eis o amante que é transformado à semelhança do Amado.

---

13 Literalmente significa jogo, diversão, passatempo. Nas escrituras ortodoxas hindus explica-se que "os atos da Divindade são *lila* ou uma diversão". Do ponto de vista oriental o Universo é um teatro, um jogo de ilusões, e essa diversão ou passatempo significa uma expressão criativa da alegria divina que é o próprio coração desse Universo, (Nota Ed. Bras.)

14 Ramanuja ou Ramanujacharya foi um teólogo e filósofo brâmane do sul da Índia, o pensador mais influente do hinduísmo devocional e um dos expoentes mais importantes da tradição de Sri Vaishnavismo. Seus fundamentos filosóficos para o devocionalismo foram influentes para o movimento Bhakti. (Nota Ed. Bras.)

7

ESCURIDÃO ESPIRITUAL

Poucos dos perigos que encontramos no caminho do aspirante sério são mais deprimentes, mais fatais nos seus efeitos, do que a assim chamada escuridão espiritual – a escuridão que desce sobre o coração e a mente, envolvendo todo o ser em seu envoltório sombrio, eliminando memórias de paz passada, esperanças de progresso futuro. Da mesma maneira como a densa neblina penetra em uma grande cidade, espalhando-se em cada um dos seus cantos, apagando qualquer marca conhecida e até mesmo as luzes mais brilhantes até que aos peregrinos surpresos nada pareça ter sido deixado exceto eles próprios e o denso e abominável vapor que os envolve, assim ocorre também quando a neblina da escuridão espiritual desce sobre aspirantes ou discípulos. Todos os seus locais conhecidos desaparecem, e o caminho desvanece na escuridão; suas luzes familiares perdem o brilho, e os seres humanos são meras sombras que vez por outra salientam-se na noite e nela novamente desaparecem.

Os aspirantes sentem-se sozinhos e perdidos; uma sensação de isolamento terrível encarcera-os, ninguém compartilha de sua solidão. As faces que lhes sorriam se foram; as vozes que os alegraram estão silenciosas; o amor que os envolveu tornou-se frio. Os seus "bem-amados e amigos tomam deles distância", e nenhuma palavra de conforto os atinge através da imobilidade mortal.

Avançar quando estiver invisível o solo sobre o qual os pés da pessoa precisam deslocar-se é como caminhar para um precipício. Uma silenciosa precipitação de ondas imensas parece ameaçar com a destruição, enquanto sua própria profundidade intensifica o silêncio próximo à superfície. Há uma exclusão tanto do céu como da Terra; o Sol, a Lua e as estrelas sumiram, e nenhum lampejo de sua radiância consegue penetrar a escuridão acima. Os aspirantes sentem-se suspensos no abismo do nada, como se em breve passassem a fazer parte daquele nada. A sua chama de vida parece tremular na escuridão, como se, por solidariedade à escuridão universal, ela própria cessasse de brilhar. Sobre eles está o "horror da grande escuridão", paralisando-lhes a energia e aniquilando as suas esperanças. Deus e os seres humanos desertaram deles – estão sozinhos.

O testemunho de todos os grandes místicos prova que este quadro não é exagerado. Não existem gritos de angústia humana mais amargos do que aqueles encontrados em páginas nas quais almas santas registraram as suas experiências na Senda. Eles procuram a paz, mas estão cercados pelo combate; procuram a alegria, mas encontram tristeza; procuram a Visão Beatífica, mas a escuridão do abismo os impede.

Nada prova que almas menos evoluídas tenham enfrentado este sofrimento, embora encarem incrédulas esta possibilidade. A sua hora ainda não chegou. A criança não pode medir a luta do adulto e tampouco sentir a angústia que fere o peito que a alimenta. Toda a idade tem o seu fruto próprio, e enquanto podemos compreender as experiências pelas quais já passamos, não podemos captar a natureza daquelas que se encontram à frente. Deixemos que as almas ainda não desenvolvidas desprezem a agonia que não podem avaliar, que depreciem o sofrimento que não podem ainda sentir, até mesmo caracterizando como fraqueza os sinais de uma angústia cujo mais leve contato atrofiaria completamente a sua força. Aqueles que crescem e se desenvolvem na maturidade divina conhecem a realidade da escuridão, e apenas aqueles que conhecem podem julgar.

Em um estágio muito incipiente do aprendizado real da vida mais elevada, a escuridão – menos absoluta do que há pouco a descrevemos, porém penosa o bastante – dificultará e testará as forças do discípulo. Os aspirantes sérios em breve percebem que acessos de melancolia, cuja causa não conseguem descobrir, acometem-nos, causando-lhes muita aflição. Na extrema sensibilidade que acompanha este estágio de crescimento, eles podem até mesmo culpar-se a si próprios por esses excessos de tristeza, repreendendo-se pela perda de serenidade que é o seu ideal.

Enquanto a escuridão estiver sobre eles, todo objeto adquirirá formato estranho e exagerado. Pequenos aborrecimentos afiguram-se grandes, distorcidos pela bruma circundante; pequenos problemas transformam-se em grandes sombras que obscurecem o Sol; o atrito, que em tempos mais felizes nem mesmo seria percebido, agora irrita cada nervo.

Os discípulos sentem que caíram do lugar ao qual chegaram através de esforços prolongados, e que estão perdidas todas as suas lutas passadas. Como foi bem expresso, "é maravilhoso que os Poderes da Escuridão pareçam como que dissipar de uma vez só todos os tesouros espirituais da pessoa, acumulados com tanta dor e cuidados depois de anos de incessante estudo e experiência." Os neófitos perplexos caem no desespero quando a sua vitória desmorona-se em cinzas.

Causas da Escuridão

Examinemos a causa da escuridão. Enquanto ela está a nos envolver, todo o conhecimento meramente teórico desintegra-se, porém este conhecimento poderá ajudar a eliminá-la mais rapidamente, uma vez que ele comece a nos iluminar. Nada senão a experiência prática repetida pode manter-nos firmes e serenos tanto na escuridão quanto na luz, embora o conhecimento teórico tenha o seu lugar na evolução da mente.

Analisaremos separadamente os casos do aspirante e do discípulo que foram aceitos como aprendizes por um Mestre. Embora as causas da escuridão que afetam o aspirante possam também desempenhar o seu papel ao trazerem a noite sobre o discípulo, existem causas operantes adicionais no que tange ao discípulo aceito.

Em primeiro lugar, vem o bem-conhecido caso da aceleração do *karma*, quando iniciamos a nossa firme caminhada em direção ao portal da Senda. Não abordaremos este ponto por ter sido explicado várias vezes e por desempenhar um papel comparativamente pequeno no surgimento da escuridão. Um elemento, contudo, talvez com menor frequência, poderá aqui ser mencionado.

O prazer e a dor, ligados às emoções e paixões, pertencem ao mundo astral e são vivenciados através do corpo astral; por conseguinte, uma parcela muito grande de *karma* pertence, por sua própria natureza, ao Plano Astral e é ali exaurida. O mau *karma* pode, portanto, ser em grande parte eliminado através do sofrimento, à parte dos eventos; o sofrimento que costuma acompanhar os infortúnios e desastres de toda espécie no Plano Físico toma lugar no Plano Astral; nós sofremos no astral enquanto estamos atravessando dificuldades no físico. Ocorre que este sofrimento astral pode ser separado dos eventos físicos com os quais costuma estar relacionado e pode ser atravessado separadamente destes eventos.

Na aceleração do *karma* isto se realiza, e parte da escuridão vivida pelos aspirantes é devida a esta causa; eles estão eliminando mau *karma* ao suportarem o sofrimento que pertence a eventos ainda não amadurecidos para manifestação no Plano Físico. Verificarão que, mais tarde, atravessam acontecimentos que a princípio seriam muito aflitivos exibindo tranquilidade e indiferença surpreendentes. O fato é que eles já suportaram o sofrimento normalmente vinculado a tais eventos e, no Plano Físico, encontram as formas vazias que são tudo que permanece quando a consciência astral, que costuma vivificar estas formas, foi retirada. (Pode-se lembrar aos estudantes – embora o tema seja demasiado amplo para ser aqui abordado – que a consciência humana é astral no presente estágio da evolução). Portanto, quando nos acomete uma melancolia aparentemente sem causa, os aspirantes podem confortar-se com o conhecimento de que estão exaurindo parte das responsabilidades de seu *karma* e que o pagamento dos débitos do *karma* nunca é cobrado duas vezes.

Em segundo lugar, os aspirantes estão procurando purificar e, em última instância, destruir a personalidade. Os prazeres aumentam e intensificam a vida da personalidade, ao passo que a dor a diminui. A vontade deliberada do aspirante ofereceu a personalidade como sacrifício ao Senhor, e, se o sacrifício for aceito, a chama descerá e a devorará. Qual a causa para a tristeza aqui? O fogo, à medida que queima as vestes da personalidade, liberando o ouro puro da vida, traz sofrimento agudo para a mesma vida que é assim rapidamente purgada de elementos os quais durantes milênios fizeram parte do seu ser.

Será que os aspirantes podem persistir enquanto a chama escura queima aquilo que parece ser suas próprias vidas? Será que eles podem suportar a tensão, viver por entre a escuridão e encontrar-se, depois de ela ter sido dissipada, ainda em seus lugares, cansados e esgotados, mas firmes em seus lugares? Se puderem, então uma grande paz sucederá à escuridão. Novas energias para eles fluirão, e eles tornar-se-ão conscientes de uma visão mais profunda, de uma percepção mais firme de verdade. A escuridão provará ser a mãe da luz e nela terão aprendido lições valiosíssimas para provações futuras. Mas com demasiada frequência a coragem se desfaz e a persistência falha; a escuridão prova ser um túmulo temporário, talvez pelo restante daquela encarnação, levando à "ruína muitas almas nobres que ainda não adquiriram suficiente força para persistirem".

A escuridão é repetidas vezes uma espécie de encantamento lançado sobre o aspirante pelas forças destrutivas que agem no mundo. A destruição é tão necessária ao processo evolutivo como o é a construção; a desintegração é tão necessária como a integração. Aquilo que aparentemente retarda, na verdade, fortalece. Os ocultistas sabem que toda força na Natureza representa o trabalho de uma Inteligência invisível e que isto é tão verdadeiro com relação às forças destrutivas como às construtivas. Eles sabem que as Inteligências destrutivas – os poderes negros, como costumam ser chamados – têm como objetivo enganar, apreender e desconcertar os aspirantes no momento em que fizeram suficiente progresso para além da humanidade comum, a ponto de poder chamar-lhes a atenção e tornarem-se dignos de ataque. Esforçando-se para retardarem a evolução mais elevada e prolongarem a soberania da matéria, os Poderes Negros consideram seu inimigo natural todo aquele que se distancia do caminho normal e procura viver uma vida espiritual.

Esses são os "poderes da Natureza", com tanta frequência mencionados nos livros místicos, que tentam prender a alma aspirante. O seu instrumento favorito talvez seja causar desestímulo e, se possível, levar os aspirantes ao desespero, envolvendo-os em escuridão e fazendo com que se sintam perdidos e sós. O seu contato atribui uma especial pungência ao isolamento; pensamentos que sussurram desespero são os ecos de seu escárnio.

À medida que é feito o progresso na Senda, todas as forças da Natureza precisam ser passo a passo enfrentadas e conquistadas, e o enfrentamento e a conquista terão de ser feitos sozinhos. Estamos sós no que tange ao intelecto, que sente o "eu" como isolado e sem auxílio; porém não sozinhos realmente. O que nos haverá de separar da Vida Una, que é o nosso ou do Amor dos Mestres, que observam cada passo nosso na Senda?

Tristeza pelo Mundo

Quando estudamos a vida de discípulos aceitos, encontramos as causas que vimos na vida dos aspirantes, porém surge também uma nova causa. À proporção que os discípulos avançam, ela desempenha um papel cada vez mais proeminente na sua experiência. Quando os grilhões do seu próprio *karma* se desintegram, eles se tornam livres para sustentar parte "do pesado *karma* do mundo". Eles começam também a enfrentar as maiores forças destrutivas em prol do mundo, atuando entre estas forças e a humanidade e atraindo estas energias para si próprios na extensão em que isto se mostrar praticável. O pecado e a tristeza do mundo bem como sua ignorância patética fazem pressão sobre os discípulos, e até que eles alcancem a paz sólida, cuja raiz está no conhecimento perfeito, não poderão escapar da melancolia que, de tempos em tempos, sobre eles paira, como se toda a tristeza do mundo fragmentasse seu coração, fazendo-o sangrar com piedade pela cegueira que gera a miséria, pela ignorância que é o pecado. Eles não ousam esforçar-se para remover este sentimento de tristeza, visto que em virtude da compreensão da unidade cada vez maior entre sua vida e a do todo, a sua tristeza pertence também à humanidade, e eles compartilham do *karma* desta última e apressam a sua evolução. Mas o discípulo gradualmente aprende a suportar esta tristeza com satisfação pacífica que se aprofunda em uma sensação de grande alegria interior, até que o poder aniquilador dessa tristeza diminui e por fim desaparece. Permanece apenas uma compaixão abundante, de maneira que a tristeza passa a ser algo mais caro do que tudo aquilo que o mundo chama de alegria, e a escuridão nada é senão um crepúsculo suave, mais tênue e doce do que o brilho do Sol ao meio-dia.

O discípulo enfrenta um sofrimento mais agudo e acentuado quando "volta as costas para a luz e penetra sozinho na escuridão para encontrar e vencer as Forças do Mal". Este é o trabalho dos Salvadores do Mundo, e é chegada a hora para os discípulos quando este solene dever os atinge. Eles são treinados para as lutas mais árduas, aprendendo a gradualmente assimilar em si as forças dissonantes e destruidoras, de maneira que essas forças se tornem exauridas, frequentemente torturando e extirpando o discípulo no processo. São depois emitidas, já harmonizadas e rítmicas, representando forças construtivas ao invés de destrutivas. Os discípulos são o crisol da Natureza; componentes prejudiciais são neles dissociados e recompostos em elementos que promovem o bem-estar geral. À medida que os componentes irrompem com violência explosiva, o crisol humano sensível estremece sob o esforço, e, às vezes, sucumbe.

Através desta disciplina, continuada ao longo do tempo, os discípulos fortificam o seu potencial e tornam-se aptos a suportar cargas mais pesadas, a suportar a melancolia da escuridão na qual sentem-se esquecidos por Deus e pelos seres humanos e na qual parecem estar abandonados às forças da Escuridão; a vida é apenas uma tortura, e eles anseiam a perda da consciência.

Então surge a sutil tentação, "desça da cruz." Os discípulos sabem que apenas os cravos de seu próprio propósito determinado e vontade indomável os manterão firmes ali. A qualquer momento eles podem parar o tormento se estiverem dispostos a escapar às custas do mundo para o qual se sacrificaram a fim de ajudar. Se escaparem, o mundo terá de sofrer; se puderem sustentar a agonia, o fardo da humanidade será aliviado um pouco. "Ele salvou outros; a Ele próprio ele não pode salvar." O escárnio do incrédulo é a lei do Cristo.

Mas até mesmo esta esperança terá desaparecido, e a escuridão do desespero envolverá os discípulos, sussurrando que toda a angústia é vã, que estão derrotados, e que todo o serviço que esperavam prestar em benefício do mundo nada mais é senão a "visão de um sonho sem fundamento". Eles pensam que jamais poderão servir o Mestre novamente ou alegrar almas por sua luz. Embora tenham ensinado outros a trilhar a Senda, eles dela caíram. Será que podem suportar isto e contentarem-se em perecer se este for o seu *karma*? Será que eles podem alegrar-se de que o mundo será salvo, embora eles não tenham parte em sua salvação, que o amor triunfará, embora eles estejam banidos do seu abraço? Se não puderem, então a escuridão os terá sufocado e o mundo terá perdido um auxiliar por um período de tempo. Se puderem, então, com a total entrega do eu separado, a escuridão afasta-se; o Eu Eterno verte do interior; a face do Mestre brilha e os discípulos vitoriosos sabem que Ele lá esteve todo o tempo. Em um momento de visão clara, eles veem o Sagrado entre Sagrados, e a paz os envolve.

Assim os discípulos descansam brevemente em tranquila quietude, antes de se lançarem em uma vida nova e mais ampla, com maior sabedoria, fé mais alicerçada, amor intensificado, maior poder para servir a humanidade, e capacidade de suportar lutas ainda mais acentuadas. Acima de tudo, eles aprenderam algo do poder da ilusão e tiveram um vislumbre da natureza de *māyā*, e isto ajudar-lhes-á na escuridão futura. Eles compreendem que tal não poderá vencê-los, a menos que eles cedam à sua força enganadora. Este é o fruto inestimável da escuridão espiritual e, com este esforço e luta, o humano desenvolve o Deus.

8

O SIGNIFICADO E O MÉTODO DA VIDA ESPIRITUAL

Ao considerar o significado e o método da vida espiritual, será bom começarmos por definir o significado do termo "espiritual". Existe muita incerteza sobre ele. Ouvimos falar de "espírito" e "alma" como se fossem termos intercambiáveis. Temos "corpo e alma" ou "um corpo e um espírito", as pessoas consideram, como se as duas palavras "espírito" e "alma" tivessem um significado definido e distinto. É claro que se essas palavras não forem claramente compreendidas, o termo "vida espiritual" permanecerá confuso.

A Teosofia divide a constituição humana de maneira definida, tanto com relação à consciência quanto com relação aos veículos através dos quais ela se manifesta. A palavra "espírito" é restrita àquela divindade em nosso interior que se manifesta nos planos mais elevados do Universo e que se distingue por sua consciência da unidade. A unidade é o princípio básico do espírito, pois abaixo do reino espiritual tudo é divisão. Quando passamos do espiritual para o intelectual, de imediato encontramo-nos em meio à separação.

Unidade e Espírito

Abordando a nossa própria natureza intelectual, à qual a palavra "alma" deverá ser restrita, logo observamos que ela constitui o princípio da separatividade. No crescimento da nossa natureza intelectual, tornamo-nos cada vez mais conscientes da separatividade do "eu". É às vezes chamado de "qualidade do eu" em nós. Dá origem a todas as nossas ideias da existência separada, da propriedade separada, dos lucros e perdas separados.

O intelecto faz parte de nós da mesma maneira que o espírito, mas é uma parte diferente e constitui a verdadeira antítese da natureza espiritual, porque onde o intelecto vê o "eu" e o "meu", o espírito vê a unidade, a não separatividade; onde o intelecto se esforça para desenvolver-se e se afirma como algo separado, o espírito vê a si mesmo em todas as coisas e considera todas as formas como sendo igualmente suas próprias.

Os grandes mistérios das religiões do mundo versam todos sobre a natureza espiritual, pois esta constitui um mistério para o homem comum. O que os cristãos chamam de Reconciliação pertence inteiramente à natureza espiritual e jamais poderá ser compreendido enquanto virmos a nós mesmos como intelectos separados, inteligências à parte de outras, pois a verdadeira essência da Reconciliação reside no fato de que a natureza espiritual, sendo uma em toda a parte, pode efundir-se em uma forma ou outra. É em virtude da natureza espiritual não ter sido compreendida, tendo sido vista apenas a separação do intelecto, que a grande doutrina espiritual modificou-se na substituição de um indivíduo por outros indivíduos. Não foi reconhecido que a Reconciliação é obra do espírito oniabarcante, o qual pode revestir-se de qualquer forma que escolher.

O espírito é aquela parte da natureza humana em que reside o sentido de unidade, a parte em que, em primeiro lugar, somos um com Deus e, em segundo lugar, somos um com tudo que vive no Universo. Um *Upanishad* muito antigo começa com a declaração de que todo este mundo é Deus-oculto, e, na sequência, ao mencionar sobre quem conhece a unidade vasta, permeante e oniabarcante, irrompe em exultação: "o que passa então a ser a tristeza, o que passa a ser a ilusão, para aquele que conheceu a unidade?" Este sentido de unidade no coração de tudo constitui o testemunho da consciência espiritual e somente à medida que isto for compreendido torna-se possível a manifestação da vida espiritual. Os nomes técnicos não importam de modo algum. Eles são tirados do sânscrito que, por milênios, deu nomes definidos a cada estágio da consciência humana e outras.

Esta marca da unidade é aquela em que podemos nos basear como sinal da natureza espiritual. De acordo com um antigo livro oriental, "o homem que vê o Eu Uno em tudo, tudo no Eu, este vê, realmente, este vê." Tudo o mais é cegueira. O senso de separatividade, embora necessário à evolução, é fundamentalmente um erro. A separatividade é apenas como o ramo que cresce de um tronco, a unidade da vida da árvore espalha-se em todos os ramos, e torna-os todos uma unidade. É a consciência daquela unidade que perfaz a consciência do espírito.

No Cristianismo, o sentido de unidade tem estado personificado no Cristo. O primeiro estágio – onde ainda há o Cristo e o Pai – é onde as vontades se unem: "não será feita a minha vontade, mas a tua". O segundo estágio, onde a unidade é percebida: "Eu e Meu Pai somos um". Naquela manifestação da vida espiritual, temos o ideal subjacente à mais profunda inspiração das sagradas escrituras cristãs, e é somente quando "o Cristo nasce no homem", para usarmos o símbolo cristão, que se inicia a verdadeira vida espiritual.

Isto é fortemente demonstrado em algumas das Epístolas. São Paulo escreveu para os cristãos e não para os profanos ou hereges. Ele escreveu para aqueles que tinham sido batizados e eram reconhecidos membros da Igreja, em uma época em que a filiação era mais difícil de ser obtida do que nestes tempos mais recentes. Paulo lhes diz: "Vós não sois espirituais: sois carnais". A razão que ele alega para assim considerá-los é: "Sei que há divisões entre vós". Onde a vida espiritual for dominante, encontrar-se-á harmonia e não divisão.

O segundo grande estágio da vida espiritual também é realçado nas escrituras cristãs, como também nas outras grandes escrituras do mundo, quando se diz que, ao chegar o fim, tudo que foi reunido no Cristo, o Filho, é reunido ainda mais no Pai, e "Deus estará em todos". Desvanece até mesmo aquela separação parcial de Filho e Pai, e a unidade é suprema. Quer leiamos os *Upanishads*, a *Bhagavad-Gitā*, ou o *Novo Testamento*, encontramo-nos exatamente na mesma atmosfera quanto ao significado e à natureza da vida espiritual: é a que conhece o Uno, aquela na qual a unidade é completa.

Isto torna-se possível para nós, apesar da separatividade do intelecto que nos exclui uns aos outros, pois no coração da nossa natureza somos divinos. Esta é a grande realidade da qual dependem toda a beleza e poder da vida humana. Não é um fato insignificante se um povo acredita-se divino ou iludido na ideia de ser por natureza pecaminoso, miserável e degradado. Nada é tão fatal para o progresso, nada tão desestimulante ao crescimento da natureza interior, quanto a repetição contínua daquilo que não é verdadeiro: que somos fundamental e essencialmente maus, não divinos. É um veneno no próprio núcleo da vida; coloca-nos um rótulo difícil de ser tirado. Se quisermos dar até mesmo para os mais inferiores e mais degradados alguma dignidade interior, que os possibilitará sair da lama em que estão mergulhados para a dignidade de uma natureza humana divina, então teremos que lhes contar a respeito da sua essencial divindade, de seus corações justos e não infames. Porque é apenas à proporção que assim procedermos que neles haverá um leve despertar do espírito, tão soterrado que dele não estão conscientes em sua vida comum. Se há um dever dos pregadores religiosos que seja mais importante e vital que outro, este é o de que todos os que os ouvem sintam o despertar do Divino em seu interior.

Desenvolvendo a Natureza Espiritual

Olhando assim para todos como essencialmente divinos no coração, começamos a nos perguntar: se este é o significado do espírito e da vida espiritual, qual é o método para desenvolvê-lo? O primeiro passo, conforme já mencionamos, é fazer com que as pessoas nele acreditem, pondo de lado tudo aquilo que foi dito sobre o coração humano como sendo "realmente mau" devido ao pecado original. Não existe pecado original, exceto a ignorância, e todos nós nela nascemos. Temos que, aos poucos, crescer para além dela através da experiência que nos traz sabedoria. Este é o ponto de partida, uma vez que o senso consciente de unidade é o ápice. O método da vida espiritual é tudo aquilo que possibilita à vida expressar-se, na realidade, como sempre em essência. A nossa Divindade interior – este é o pensamento inspirador que desejamos espalhar através de todas as Igrejas que, por tempo demasiado longo, estiveram enevoadas por doutrinas que ensinam exatamente o oposto. Quando passamos a acreditar em nós próprios como divinos, procuramos justificar a nossa natureza interior.

Ora, o método da vida espiritual na sua acepção mais ampla, não pode – e eu tenho que admiti-lo francamente – ser aplicado aos menos desenvolvidos entre nós. Para eles, a primeira lição de fato é a antiga "cessem de fazer o mal". Um dos meus *Upanishads* favoritos menciona os passos pelos quais pode-se procurar e encontrar o Eu, o Deus interior. O primeiro passo, assim é dito, é "cessar de fazer o mal". Este é o primeiro passo na direção da vida espiritual, a fundação a ser lançada. O segundo passo é ativo: fazer o que é certo. Estas verdades não são menos aplicáveis por constituírem lugares comuns. Elas são necessárias em toda a parte e precisam ser repetidas até que o mal seja abandonado e o bem, adotado. A vida espiritual não pode começar até que se completem estas etapas.

Considerando as etapas posteriores, está escrito que ninguém que seja indolente, sem inteligência e em quem a devoção esteja faltando, poderá encontrar o Eu. E novamente é dito que: "o Eu não é encontrado pelo conhecimento e tampouco pela devoção, porém pelo conhecimento unido à devoção." Estas são as duas asas que nos elevam para o mundo espiritual.

Podemos encontrar um grande número de detalhes nas várias escrituras do mundo que preencham esses pontos gerais amplos os quais nos guiam à antiga estreita Senda. Mas o especialmente necessário agora é um caminho no qual as pessoas que vivem no mundo, ligadas pelos vínculos domésticos e ocupações de toda a espécie, possam conquistar a vida espiritual, através da qual possam obter progresso na verdadeira espiritualidade.

Nas diferentes religiões do mundo tem havido uma certa inclinação para traçar uma divisória entre a vida do mundo e a vida do espírito. Esta separação, que é real, costuma ser mal-entendida e mal-representada. Supõe-se que consiste em circunstâncias, ao passo que consiste em atitude – uma diferença profunda, de importância vital para nós. Devido a esta incompreensão, homens e mulheres de todas as idades deixaram o mundo para encontrar o Divino. Foram para o deserto, selva e cavernas, para as montanhas e planícies solitárias, imaginando que, ao abandonar aquilo que chamavam de "o mundo", a vida do espírito poderia ser conquistada. E, contudo, se Deus é oniabarcante e está em toda a parte, a Divindade deve estar tanto no mercado como no deserto, tanto no banco como na selva, no tribunal como na montanha solitária, nas multidões como nos lugares isolados. É verdade que as almas mais fracas podem perceber mais facilmente a vida oniabarcante distanciadas da dissonância da humanidade, porém este é um sinal de fraqueza e não de espiritualidade. Não é o forte, o heroico, o guerreiro, que pede a solidão ao procurar a vida espiritual.

Mas a vida solitária tem o seu lugar, e não raro um homem ou uma mulher afastar-se-á para algum lugar isolado onde permanecerá em solidão pelo período de uma vida. Porém esta jamais será a vida última e coroada; não é a vida palmilhada por Cristo na Terra. Uma vida desta natureza às vezes prepara a pessoa para cortar vínculos que, de outra forma, não teria energia suficiente para romper. As pessoas fogem porque não podem combater; evitam aquilo que não podem enfrentar. Esta é com frequência uma política sábia; e para todos aqueles que são facilmente tentados, será bom poder evitar a tentação.

Mas os verdadeiros heróis da vida espiritual não evitam lugar e pessoa alguns. Não temem poluir suas vestimentas, pois as teceram de material que não pode ser tornado impuro. Aqueles que vivem a vida solitária retornarão novamente para se integrarem à vida mundana. A lição de desapego que aprenderam nos lugares isolados ajuda-los-á bem quando retornarem à vida comum. A libertação, o desembaraço do espírito, aquela vida consciente de união com Deus que constitui a marca do humano tornado divino; aquela última conquista é realizada no mundo e não na selva ou no deserto.

Renunciando aos Frutos da Ação

Conquista-se aos poucos a vida espiritual e aprendem-se as lições do espírito neste mundo, porém sob uma condição. Esta condição abrange dois estágios: primeiro, fazemos tudo que deve ser feito porque é o nosso dever. Quando a vida espiritual começa a alvorar, reconhecemos que todas as nossas ações deverão ser realizadas, não visando um resultado específico, porque é o nosso dever realizá-las. Isto é dito facilmente, mas como é difícil de ser alcançado! Não há o que precisemos mudar em nossa vida para tornar-nos espirituais, mas é necessário modificar a nossa atitude em relação à vida. Devemos deixar de pedir à vida e passar a dar-lhe tudo, porque este é o nosso dever.

Esta concepção da vida constitui o primeiro grande passo na direção do reconhecimento da unidade. Se existe apenas uma única grande Vida, se cada um de nós nada mais é senão uma expressão daquela Vida, então toda a nossa atividade será simplesmente a ação daquela Vida em nós, e os resultados serão colhidos pela Vida comum e não pelo eu separado. É esta a mensagem que a *Gitā* nos transmite ao dizer que não devemos trabalhar pelo fruto, porque o fruto é o resultado normal da ação.

Este conselho destina-se apenas àqueles que desejam conduzir a vida espiritual, pois não é indicado que as pessoas deixem de trabalhar pelos frutos da ação até que tenha surgido uma motivação mais poderosa em seu interior, uma motivação que as incite à atividade sem um prêmio para o eu pessoal. Precisamos ter uma atividade, ela representa o caminho da evolução. Sem atividade não nos desenvolvemos; sem esforço e luta flutuamos nas águas represadas da vida e não fazemos progresso ao longo do rio. A atividade é a lei do progresso; à medida que nos exercitamos, nova vida flui em nossa direção. Por esta razão está escrito que aquele que é indolente jamais poderá encontrar o Eu. Aqueles que são indolentes e inativos nem mesmo começaram a voltar-se para a vida espiritual.

A motivação para a ação nas pessoas comuns é, muito naturalmente, o usufruto de seus resultados. Esta é a maneira de Deus conduzir o mundo ao longo da Senda da evolução. Os prêmios são colocados à nossa frente. Ansiamos pelos prêmios e, à proporção que nos empenhamos, desenvolvemos nossas potencialidades. Mas quando tomamos posse do prêmio, ele se faz em pedaços nas nossas mãos – sempre. Se olhamos para a vida humana, vemos este processo repetir-se continuamente. Você deseja dinheiro; ganha-o, milhões. Em meio aos milhões um descontentamento mortal invade-o; você se torna cansado da riqueza que não é capaz de usar. Você almeja a fama e a conquista e depois você a chama de "uma voz que passa ao longo, perdendo-se em um mar interminável". Você almeja o poder, e quando você o detém, o poder se torna insípido, e você se cansa e se frustra. A mesma sequência é sempre repetida.

Estes são os brinquedos que o Pai nos oferece para induzir os seus filhos a se exercitarem. Ele próprio oculta-se no brinquedo a fim de conquistar os filhos; pois não há beleza e atração em qualquer parte, exceto na vida de Deus. Mas quando se obtém o brinquedo, a vida o abandona; ele se desmancha na mão, e nós nos decepcionamos, porque o valor reside na luta e não na posse, em revelar poderes durante a obtenção, e não na inatividade após a vitória. E assim nos desenvolvemos, e até que esses deleites tenham perdido o seu poder de atração, é certo que continuem a compelir-nos para que nos esforcemos e lutemos.

Mas quando o espírito começa a mover-se e procurar a sua própria manifestação, então os prêmios perdem o seu poder atrativo. Vemos o dever, ao invés do fruto, como a motivação. E então passamos a trabalhar em nome do dever, como parte da grande Vida Una, e trabalhamos com todas as energias daqueles que trabalham pelo fruto, energias talvez até mais possantes. Aqueles que podem trabalhar em algum grande empreendimento para o bem-estar da humanidade e, depois de muitos anos de luta, veem-no desmoronar-se à sua frente e permanecem contentes, estes deslocaram-se muito no caminho da vida espiritual. Será que isto se afigura impossível? Não, quando compreendermos a Vida e quando tivermos percebido a sua unidade; porque naquela consciência nenhum esforço para o bem humano será perdido, nenhum bom trabalho fracassará.

A forma em que o trabalho aparece pode desfazer-se, porém a vida permanece.

Tal motivação poderá animar até aqueles que estão fora da vida espiritual. Consideremos como, às vezes, em alguma grande batalha, os êxitos e fracassos são palavras que mudam seu significado quando uma grande hoste luta por uma única finalidade. Um pequeno grupo de soldados poderá ser enviado para cumprir uma tarefa desesperada e impossível. Um oficial no comando poderá receber uma ordem que sabe ser impossível obedecer, talvez a de tomar uma encosta cercada de canhões. Ele sabe que antes de poder alcançar o topo daquela encosta o seu regimento será dizimado e, se ele continuar, será aniquilado. Mas isto não faz qualquer diferença ao soldado leal, que confia no seu general e conduz os seus homens. Ele não hesita; considera o comando apenas como prova da confiança de seu comandante, que ele seja considerado forte o suficiente para lutar e inevitavelmente fracassar. Mas será que eles terão realmente fracassado quando morrer o último soldado, permanecendo apenas seus corpos? Assim parece àqueles que viram apenas esta pequena parcela da luta. Mas enquanto eles fixaram a atenção no inimigo, não foram percebidos outros movimentos que asseguraram a vitória. Quando uma nação agradecida erige um monumento em louvor àqueles que realizaram conquistas, os nomes daqueles que fracassaram a fim de tornar possível a vitória de seus compatriotas ocuparão um lugar de honra.

É assim com aqueles que são espiritualizados. Eles sabem que o plano não pode fracassar. Eles sabem que no fim o combate deverá ser coroado com vitória. Não importa àqueles que conheceram a Unidade, que esta pequena parcela seja assinalada como fracasso. Ela tornou possível a vitória do grande plano para a redenção humana que é a verdadeira finalidade em prol da qual trabalharam. Eles não estavam trabalhando para fazer grande sucesso aqui, para fundar alguma grande instituição acolá; estavam trabalhando em prol da redenção da humanidade. Embora a forma de sua parte do trabalho tenha sido destruída, a vida avança e tem sucesso.

É isso que significa trabalhar pelo dever. Torna toda a vida comparativamente fácil. Torna a vida tranquila, forte, imparcial e audaz; pois aqueles que trabalham pelo dever não se prendem ao que realizam. Uma vez que é cumprido, não mais os preocupa. Abandonam-se ao êxito ou fracasso conforme o mundo os classifica, porque sabem que a Vida interior prossegue na direção do seu objetivo. Este é o segredo da paz no trabalho. Aqueles que trabalham pelo sucesso, sempre estão preocupados, ansiosos, sempre contando as suas energias, conferindo as suas oportunidades e possibilidades. Mas aqueles que não se preocupam com o sucesso, apenas com o dever, trabalham com a força da Divindade, e o seu propósito é sempre certo.

Atuando como Canais para o Divino

Este é o primeiro grande passo. Para dá-lo, há um segredo que precisamos lembrar: devemos realizar tudo como se o Grande Poder o estivesse realizando através de nós. É aquilo que é chamado na *Gitā* de "inação em meio a ação". Para aqueles no mundo que desejam tomar-se verdadeiramente espiritualizados, é este o pensamento que deve estar por trás de todo o seu trabalho. Qual deveria ser a motivação no coração do advogado ou do juiz se eles aprendessem o segredo do espírito em assuntos comuns da vida? Eles precisam considerar-se simplesmente como encarnações da Justiça Divina. Até mesmo em meio à lei como a conhecemos, com suas imperfeições e erros, é a Justiça de Deus tentando fazer-se suprema na Terra. Aqueles que desejam ser espirituais na profissão da lei, devem sempre ter no centro de seu pensamento "eu sou a mão divina da Justiça no mundo, e como tal sigo a lei."

O mesmo aplica-se a todos os campos. O comércio é uma das formas através das quais o mundo vive, uma parte da Atividade Divina. Aqueles que integram o comércio precisam considerar-se como parte daquele fluxo de vida em circulação através do qual as nações se reúnem. São os mercadores divinos no mundo e neles a Atividade Divina terá de encontrar mãos e pés. E todos que participam do governo e da orientação das nações são também representantes do

Dispensador da Lei Divina e apenas realizam o seu trabalho corretamente à medida que compreendem que representam a vida divina naquele aspecto.

Eu sei como isto se afigura estranho quando pensamos nas lutas políticas e na pequenez dos políticos. Mas a degradação não toca a realidade da Presença Divina, e em todo soberano, ou em parte dele, o Dispensador da Lei Divina está procurando expressar-se para que a nação tenha uma vida nacional nobre, feliz e pura. Se apenas uns poucos em cada setor da vida esforçassem-se para levar a vida espiritual, se, ao deixar de lado todos os frutos da ação individual, olhassem a si mesmos apenas como encarnações daqueles múltiplos aspectos da Atividade Divina no mundo, como tornar-se-ia bela e sublime a vida do mundo!

O mesmo sucede na vida doméstica. Em um antigo livro hindu, encontramos que o *Logos* do Universo, o Deus manifesto, é o grande Chefe de Família. Cada marido deveria considerar-se como representando o Divino Chefe da Família. Sua esposa e filhos existem não para o seu conforto ou deleite, mas para que ele possa expressar o Divino como homem perfeito, como marido e pai. A esposa e mãe deveria considerar-se como a expressão do outro lado da Natureza, o lado da matéria, a que alimenta, incorporando o provimento incessante da Natureza para todas as necessidades de seus filhos. Como os grandes Pai e Mãe de todos protegem e alimentam o seu mundo, assim ocorre com os pais em relação aos filhos em um lar onde a vida espiritual está começando a crescer. Assim, toda a vida poderá ser tornada bela e todo homem ou mulher que comece a mostrar uma vida espiritual tornar-se-á uma bênção no lar e no mundo.

A Alegria de Dar

O segundo grande passo que podemos dar, quando o dever é realizado em prol do dever, acrescenta-lhe alegria – o cumprimento da Lei do Sacrifício. Nesta visão mais enobrecedora da vida, vemo-nos não apenas como a Vida Divina em atividade no mundo, mas como a Vida Divina que se sacrifica para que todos possam viver, porque está escrito que a aurora do Universo é um ato de sacrifício, e o apoio do Universo é o sacrifício contínuo do Espírito oniabarcante que anima o todo. Quando compreendemos este poderoso sacrifício como a Vida do Universo, é uma alegria lançarmo-nos no sacrifício e nele tomarmos parte, por menor que seja, compartilhando da vida sacrificial através da qual os mundos se desenvolvem. "Onde, então, está a tristeza, onde está a ilusão, uma vez que a Unidade tenha sido vislumbrada?" É este o segredo da alegria daqueles que são espiritualizados. Perdendo tudo exterior, conquistam tudo internamente.

Eu já disse muitas vezes, e permanece verdadeiro, que enquanto a vida da forma consiste em reter, a vida do espírito consiste em dar. Foi o que fez com que o Cristo, como Doador Espiritual, declarasse: "é mais abençoado dar do que receber". Porque, verdadeiramente, aqueles que conhecem a alegria de dar não têm desejo pela alegria de receber; eles conhecem a fonte de alegria infinita que surge no coração à medida que a vida flui, pois se a Vida Divina pudesse fluir e ser mantida dentro de nós, ela estagnaria, tornar-se-ia turva e inexpressiva. Porém a vida através da qual a Vida Divina flui incessantemente não é estagnada e não se turva. Quanto mais ela se propaga, mais ela recebe.

Não tenhamos, portanto, medo de dar. Quanto mais dermos, tanto mais plena será a nossa vida. Não nos iludamos com o mundo da separatividade, onde tudo diminui à proporção que damos. Se eu tivesse ouro, a minha fortuna diminuiria em cada moeda que eu desse, mas isso não acontece com as coisas do espírito. Quanto mais damos, mais temos; cada ato de doação torna-nos um reservatório maior. Assim, não precisamos temer tornar-nos vazios, secos, exauridos, porque toda a Vida está por trás de nós e suas fontes são uma conosco. Uma vez que sabemos que a Vida não é nossa, que compreendemos ser parte de uma poderosa unidade, então vem a verdadeira alegria de dar, a verdadeira bênção de uma vida que conhece sua própria eternidade. Todos os pequenos prazeres do mundo, certa feita tão atraentes, desvanecem na glória do verdadeiro viver, e conhecemos o significado daquelas grandes palavras "aquele que perde a sua vida, encontra-la-á" na vida eterna.

9

TEOSOFIA E ÉTICA

(Palestra proferida no Parlamento das Religiões em Chicago, 1893).

Nos estágios mais iniciais da vida moral, o altruísmo terá de ser o objetivo que colocamos diante de nós. Deveríamos esforçar-nos para aprimorar o serviço prestado aos outros. Porém o altruísmo é mais um estágio de progresso do que um objetivo. Enquanto o serviço é realizado conscientemente na qualidade de serviço a outros que estão separados do nosso próprio eu, nossa ética ainda não estará completa; haverá alguma falta de espiritualidade em nossa alma.

Existe um belo poema persa no qual o amante, procurando a sua bem-amada, encontra fechada a porta do seu quarto. Ele bate, implorando ser admitido. Do quarto fechado ouve-se uma voz perguntando: "Quem pede ingresso?" Acreditando em seu amor como a melhor justificativa para entrar, ele responde: "É o teu bem-amado que bate." Mas houve silêncio no quarto, e a porta permaneceu fechada.

Ele foi pelo mundo afora e aprendeu lições mais profundas da vida e do amor. Retornando mais uma vez à porta fechada, ele ali bateu e pediu ingresso. Novamente, ouviu-se uma voz: "Quem bate?" Mas a resposta desta feita não mais foi "o teu bem-amado". "És tu quem bate," ele disse. A porta abriu-se, e ele a atravessou.

Todo o verdadeiro amor tem a sua raiz na unidade, onde ele não é dois, porém um. Assim, na ética mais elevada, esta é a verdadeira característica que devemos atingir. Para aquele a quem mais amamos não existe algo como o serviço considerado altruísta, porque a alegria mais profunda e o prazer mais elevado surgem no serviço ao melhor eu de cada um. À medida que crescemos na vida espiritual e compreendemos a verdadeira unidade da humanidade, verificamos ser a própria humanidade aquela a quem mais amamos. Servimos ao nosso Eu Superior ao servi-la. E assim retornamos àquilo do qual nos originamos, ao Invisível, ao Uno e ao Todo.

O altruísmo, glorioso como possa ser nos estágios inferiores de moralidade, perde-se na Unidade Suprema da alma humana, na indivisibilidade absoluta do Espírito. Enquanto ainda estamos conscientemente separados, o altruísmo pode ser considerado como a Lei da Vida, baseada em nossa origem comum no Divino. Compartilhamos do treinamento comum na peregrinação que terá de ser cumprida em cada alma, experiência comum no aprendizado de cada lição, adquirindo todo o conhecimento, compartilhando as diferentes possibilidades da sorte humana e construindo um caráter sublime da matéria comum. O nosso destino é um: a perfeição de uma humanidade divina que é una na origem e una no treinamento. Que valor terá a separação de uma pessoa da outra, a construção de muros divisórios entre irmãos e irmãs?

As Raízes da Fraternidade

A unidade constitui o fundamento da nossa fraternidade, pois "fraternidade" é a palavra que inclui toda a nossa ética. Toda a verdadeira conduta tem a sua raiz na Lei do Amor. Enquanto houver necessidade de uma lei externa, aquela lei será a medida de nossa imperfeição. Apenas quando não for necessária lei alguma, quando a natureza expressando-se espontaneamente for una com a Lei Divina, a humanidade estará aperfeiçoada e a liberdade e a lei tornar-se-ão unas.

O Imperativo Categórico

Aqui vemos novamente a sanção da ética correta, neste fato da fraternidade encontrada em toda parte na Natureza. Os sistemas éticos pedem algum tipo de imperativo categórico que anuncie o que está correto e o que é o nosso dever. No sistema de Immanuel Kant, e em todos os demais, é formulada a mesma questão: qual é o imperativo, qual é o objeto do dever, qual é o "tu deves," o que deve ser a base para o treinamento ético?

Algumas escolas defendem que não pode ser encontrado um imperativo; que estamos face a face com a dificuldade quanto ao objeto do dever. Será que podemos avançar além de algum imperativo condicional? Será que podemos ir além do enunciado de que se você desejar atingir determinado objetivo, deverá perseguir tais e tais caminhos? Você poderá dizer a um estudante de Artes, "se você deseja pintar e ser um grande artista, terá de segurar o seu pincel desta maneira; deverá treinar o seu olhar segundo estas e aquelas regras; terá de conquistar gradualmente o conhecimento que é subjacente à forma e com estes inúmeros passos você por fim alcançará o seu objetivo."

Será que a moralidade é a mesma neste sentido, como a Arte ou a Ciência? Será que ela sempre depende de um "se", de maneira que aqueles que recusam o objetivo rejeitam a conduta correta e encontram-se sem lei em meio a um Universo de lei? Se assim for, parece-me que o progresso humano será muito lento, porque primeiramente seria necessário desenvolver a consciência, e o treinamento da consciência é necessário à ética correta. Estaríamos sempre caminhando em um círculo vicioso sem ponto de partida algum. Seria como se tentássemos usar uma alavanca sem o ponto de apoio, e assim não encontraríamos o lugar onde a nossa força pudesse ser aplicada. Precisamos do imperativo categórico e não o condicional; não "se você deseja ser perfeito, faça isto ou aquilo", porém, "você será perfeito, e a Lei da Vida é assim".

Não é verdade que a própria Natureza expressa-se desta maneira? Não é verdade que a própria Natureza proclama o imperativo categórico? Seres humanos, ignorantes e imperfeitos, desconhecendo as leis que os envolvem, desejam seguir os estímulos de sua própria vontade pouco apurada. São talvez impulsionados pelos desejos da natureza inferior, ouvindo neles a voz que fascina e atrai. A natureza ordena com severidade, "tu deves". A vontade humana, tendo a capacidade de escolher, responde, "não farei". Então duas palavras surgem no silêncio: "então sofre".

É desta maneira que a natureza física ensina a inviolabilidade da Lei. Os seres humanos lutam para seguir a sua própria vontade indisciplinada. Lançam-se contra a parede de ferro que não podem sequer mover, e a dor das feridas ensina-lhes que a Lei é inviolável e imutável e precisa ser obedecida, ou o desobediente perecerá na luta.

Será que a Natureza é diferente em planos diferentes? Será que ela se expressa tão claramente nos mundos morais e espirituais como o faz no físico? Toda a Natureza é una. A expressão da Vontade divina é a Natureza e, até que você possa mudar a Vontade Divina, nenhuma lei que exprime aquela Vontade poderá ser alterada. Portanto, na moral como também na física, mantém-se este imperativo categórico.

Porém, infelizmente, tal não tem permanecido inconteste; desafortunadamente, alguns pensaram que poderiam brincar com a moral, quando jamais sonhavam em brincar com a necessidade física. Pensaram que poderiam lançar uma semente e colher outra, não sabendo que estavam semeando a virtude e o vício, ao invés de apenas milho ou aveia. Não compreenderam que cada semente é colhida de acordo com a sua própria natureza. A semente moral foi colhida de acordo com a lei e produziu uma sociedade corrupta, uma humanidade degradada, e almas estupefatas e drogadas pelos sentidos.

Será que este ensinamento parece grave e frio? Será que se afigura como se estivéssemos em um Universo destituído de remorsos, com as rodas do destino girando ao nosso redor, sem refúgio algum para o qual pudéssemos escapar? Você sente que estas rodas o esmagarão, que a lei é férrea e que não se pode escapar ao destino? Se para você a lei parece cruel e a morte, desalmada, então você não compreende o Universo.

Lei Divina

A Lei nada mais é senão a vontade do Divino, e o Divino deseja a sua felicidade. A Lei apenas constitui a expressão do perfeito e somente na perfeição pode-se encontrar alegria e paz. Embora as rodas continuem girando de forma imutável, o próprio coração do Universo é amor. Alguns de nós obtivemos vislumbres desta unidade, vimos que o amor e a justiça são um e que a injustiça e a crueldade são idênticas. Portanto, olhando para o Universo, às vezes descobrimos que, em virtude de a Lei ser imutável, ela nos eleva ao invés de nos destruir.

Ralph Waldo Emerson ensinou a mesma lição. Em um de seus maravilhosos ensaios, ensinou a grande verdade de que a Natureza apenas se afigura cruel quando a ela nos opomos: ela é seu auxiliar mais forte quando você a ela se une; pois toda Lei que o aniquila quando você a ela se opõe eleva-o quando você a ela se une. Toda a força que está contra você, enquanto você não acompanha a Lei, estará do seu lado quando você tornar-se uno com ela. Emerson lhe diz para atrelar sua carruagem a uma estrela, porque, então, a carruagem mover-se-á com toda a força do planeta sobre você. Não será um destino maior sofrer até que aprendamos a Lei do que dela escapar e permanecer na ignorância, já que é a Lei que por fim nos trará o triunfo? A Natureza é conquistada pela obediência; o Divino é encontrado em uma unidade de justiça e de amor.

Assim, a fraternidade constitui, em sua plena acepção, uma Lei na Natureza. Não se pode deixar de enfatizar suficientemente este ponto. Constitui o objeto do nosso trabalho que a fraternidade passe a ser algo prático na sociedade, e nunca se tornará prático até que as pessoas compreendam que é uma Lei, não apenas uma aspiração. Quando descobrimos uma Lei na Natureza, não mais lutamos contra ela. Prontamente nos acomodamos no novo conhecimento e nos adaptamos às condições então compreendidas. Contudo, a fraternidade é tão pouco conhecida em nosso mundo ocidental! Será possível que as pessoas desobedeceram à Lei não porque não reconhecem a beleza do seu ideal, mas porque não compreenderam sua absoluta necessidade, não compreenderam que todo o esforço que contraria a Lei Universal na vida fracassa?

Somos irmãos e irmãs em nossos corpos pela interação de moléculas físicas. Somos irmãos e irmãs em nossas mentes através daquela interação de imagens mentais com as quais cada um de nós está constantemente afetando outras pessoas. Somos irmãos e irmãs em nossos espíritos, acima de tudo. Em todos os planos de vida, a fraternidade existe como um fato.

A Escada do Amor

A palavra "fraternidade" implica tudo que ela significa nas relações mais próximas da vida diária. Somos capazes de fazer uma distinção entre irmãos e irmãs na Igreja e aqueles que estão fora dela. Às vezes se diz que, deixando de amar aqueles que estão mais próximos de nós, crescemos na direção do amor impessoal para com a humanidade. Mas assim não ocorre. A vida do amor é um crescimento ascendente, uma expansão cada vez mais ampla da família para a cidade, da cidade para o estado, da nação para a humanidade. Ela não começa por restringir o amor dentro do lar. Ela começa ali e forma-se a partir da paixão e da piedade que a mãe sente pelo seu filho e estende aquele amor para abraçar todas as crianças, não refreando o amor, porém intensificando-o e ampliando-o.

Desta forma, a fraternidade deve crescer, e a raça deve tornar-se uma, em termos práticos, como já é em termos essenciais. São precisamente estas relações que ensinam a possibilidade maior; na obra intitulada *The Book of Golden Precepts* (*O Livro dos Preceitos de Ouro*)[15], uma das dádivas mais extraordinárias que recebemos do Oriente através de H. P. Blavatsky, nos é dito: "siga a roda da vida; siga a roda do dever para com a raça e os seus semelhantes". À medida que cumprimos adequadamente estes deveres, tornamo-nos dignos do trabalho maior. O coração cresce e jamais se fecha para quem quer que seja. No princípio da senda, o primeiro passo do discípulo é fazer com que o seu coração responda a cada chamado. Quando a corda do coração vibra sob o toque, o discípulo, como a corda, vibrará em resposta a todo chamado de necessidade.

Mas se confinarmos o nosso amor àqueles que estão próximos de nós, será amor inferior. O amor inferior é egoísta, exclusivo, dado

15 *A Voz do Silêncio*, de H. P. Blavatsky, originou-se deste tratado místico. (Nota Ed. Bras.)

àqueles a quem amamos pessoalmente, sem importarmo-nos com as necessidades dos outros quando a própria família estiver satisfeita. Esta é uma forma de egoísmo. Quando você encontra em um ensinamento que um amor desta natureza deve ser destruído, isto significa que o amor deverá ser purificado de cada mancha de personalidade.

Precisamos crescer em sentido ascendente, ampliando-nos à medida que crescemos. O amor que devemos dispensar a irmãos e irmãs deverá ser medido pela necessidade deles, e não por qualquer um dos vínculos menores de personalidade que podem unir-nos a eles ou nos faltar. A medida da necessidade constitui a medida da doação. A agonia que clama pela ajuda é a agonia a qual precisamos responder. Assim, os nossos instrutores ensinam-nos a cumprir o dever com que nos defrontamos, de maneira que possamos levar a força obtida ali para o dever maior. Assim, dirigimos o nosso amor para todas as pessoas como o amor do marido para a esposa, do irmão para a irmã. Qualquer dor que encontramos naquele amor nada é senão alegria no sacrifício; a felicidade do bem-amado é mais profunda do que qualquer dor momentânea que possa advir.

Aprendemos, assim, aquilo que a Natureza nos conta a respeito da fraternidade humana. Daqui avançamos para abordar aqueles que ainda não foram tocados por aquela luz de realidade que faz o apelo à Divindade interior, o mais poderoso dos impulsos.

Karma e Reencarnação

À medida que a humanidade se desenvolve, ela reage a impulsos progressivamente mais nobres. No início, o método do instrutor deve ser o método da Natureza, que permite às pessoas aprenderem a realidade, através da dor. E assim, pelo *karma*, percebemos uma outra sanção para a ética correta. As pessoas dizem que o egoísmo pode gerar apenas tristeza, não tendo nenhuma outra consequência senão a miséria. Se elas não aprenderem pelo amor, terão de aprender pela dor. Se não aprenderem pelo anseio por Deus, terão de aprender através da experiência do mal. Se aquela real árvore de vida em cada coração humano, cujos frutos são o amor e o dever, não os atrair o suficiente para que comam os seus frutos, então terão de comer da árvore do conhecimento do bem e do mal.

"Se o Bem não o traz, então a tristeza poderá lançá-lo para junto de mim." Esta é a voz do Espírito clamando no mundo, clamando a todos aqueles que dele se afastaram para que retornem. Se a sua voz não os atrai, então o sofrimento terá de ser usado durante algum tempo para trazê-los de volta. O viajante terá de voltar; o exilado não poderá permanecer no exterior. O seu lugar está vazio no lar e aguarda o seu regresso. Se ele não retornar pelo amor, então deverá aprender a lição passando fome em meio aos frutos secos e murchos. A intranquilidade do transitório, a insatisfação do temporal – estes fatores farão com que ele se volte mais uma vez na direção do lar até que se aproxime o bastante para ser atraído pelo amor e não mais pela dor.

Assim temos o fundamento que trata das sanções para a retidão. A reencarnação surge e mostra-nos que somente podemos progredir pelo viver correto. Se o egoísmo deve ser erradicado, torna-se necessário realizar atos altruístas e destruir os pensamentos egoístas, porque à medida que reencarnamos, os pensamentos moldam o nosso caráter; ninguém que molde o caráter na direção do mal descobrirá assim tendências para o bem.

Desta forma, removemos as arbitrariedades do mundo moral pelo conhecimento do eu, da mesma maneira como o conhecimento as removeu do físico. Assim eliminamos todas as dúvidas e a esperança originada na dúvida de que podemos escapar dos resultados das nossas próprias ações e deslocar-nos para a bem-aventurança imerecida por alguma porta lateral de expiação vicária onde não labutamos. Aprendemos que cada um precisa caminhar com seus próprios pés, crescer pelo seu próprio esforço. Embora almas irmãs devam nos ajudar, nós também precisamos ajudar a nós próprios. Porque a Verdade não precisa de pessoas que são salvas pela bondade de outros. A Verdade necessita de homens e mulheres fortes para manterem-se na fortaleza que adquiriram para eles próprios, fortes para que os mais fracos possam ser inspirados pelo seu exemplo e para que gradualmente todos possam mostrar-se como seres divinos.

A Moralidade nas Escrituras do Mundo

Este não é um aspecto novo. Nada há de novo, senão as palavras que envolvem a ideia, o revestimento ao seu redor. Tudo isto tem sido a nossa herança inestimável durante milhões de anos, e, mesmo assim, ainda não reconhecemos o nosso tesouro. Todo o grande instrutor religioso ensinou o que eu repito aqui. Cada ser superior que surgiu no mundo para tocar a nota da moralidade falou a mesma linguagem, exprimiu o mesmo pensamento.

Voltemo-nos para as escrituras do mundo e vejamos como um só alimento moral é encontrado em todas elas. Se formos para a China, Lao-tze nos ensinará a lei do amor e a própria doutrina que nos é familiar em nossa crença. Pois Lao-tze, seiscentos anos antes do nascimento de Cristo, expôs a lei da cura do mal pelo bem. Mas, até agora, ainda não aprendemos a única lei da paz. "O falso", disse Lao-Tze, "eu encontrarei com a verdade, como também encontrarei o verdadeiro. Eu encontrarei o liberal com a liberalidade. Encontrarei o não liberal com a liberalidade também. O crente encontrarei com a fé, o descrente, encontrarei também com a fé. Eu curarei o sofredor pela generosidade e curarei o mentiroso pela verdade."

Exatamente o mesmo pensamento surge do sistema décuplo de deveres do Manu, onde o perdão das injúrias foi colocado como lei vital do progresso da alma. Seis séculos antes de Cristo, o Buddha repetiu a lição, "àquele que sem causa me ferir devolverei a proteção do meu amor irrestrito. Quanto maior for o mal que dele se originar, maior será o bem que fluirá de mim." Exatamente a mesma lição flui dos lábios do grande instrutor judeu, quando no Sermão da Montanha, ele pede aos seus discípulos, "amai o vosso inimigo, abençoai aqueles que vos ofendem, fazei o bem àqueles que vos odeiam para que possais ser os filhos do vosso Pai no Céu, que irradia a Sua luz para o mau e para o bom, e envia a chuva tanto para o justo quanto para o injusto." A Voz é uma, seja de um judeu ou budista, de um hindu ou chinês. As palavras são praticamente iguais, o espírito é idêntico. Por que haveremos de querer uma nova moralidade, enquanto que a antiga ainda não foi cumprida? Por que pedir novos ensinamentos quando os antigos estão tão acima de nossas realizações? Pode ocorrer que, em gerações muito distantes no futuro, quando o crescimento humano tiver sido aperfeiçoado em algum futuro ciclo de evolução a um grau de moralidade sequer sonhada atualmente, alguma ética mais nobre, mais sublime e mais pura possa surgir dos lábios de algum Deus. Não estamos prontos ainda para tal ensinamento, não estamos ainda preparados para tal instrução. A antiga Lei do amor é suficiente para nós, porque até que não a tenhamos cumprido nenhum outro horizonte poderá abrir-se ante nossos olhos. A Lei de uma Vida Divina traz em seu bojo todas as coisas, a Lei de um Amor Divino é a luz que orienta a humanidade.

Nascidos do espírito, caminhamos na direção do Espírito. Nascidos do Amor Divino, vivemos até que aquele amor se tenha aperfeiçoado em nós. Quando aquele amor se tornar perfeito, o que poderão dizer os nossos lábios, o que poderá conceber o nosso cérebro, tamanha a magnificência da beleza e a profundidade da alegria que se encontra diante de nós, cujas vidas são unas com o Divino! Ilimitada como a própria Divindade, nenhuma limitação pode restringir o espírito que vive na humanidade.

10

O DEVER SUPREMO

(Palestra proferida no Parlamento das Religiões em Chicago, 1893)

A plenitude da vida é apenas viabilizada pelo servir; todo o Universo está unido ao serviço da humanidade. Todo o indivíduo deveria comprometer-se com o serviço a ela no passado, no presente e no futuro; a humanidade desenvolvendo-se até o personagem divino, eterno, imortal, indestrutível. Este deveria ser o objetivo da vida, o propósito da evolução.

Tentarei expressar em poucas palavras algo a respeito dos elementos deste serviço, algo do seu significado na vida diária, bem como algo em relação às alturas para as quais a sua prática diária poderá, por fim, conduzir a alma humana.

É pobre, de fato, a religião que não puder ensinar aos homens e mulheres do mundo os deveres da vida diária, dando-lhes a inspiração que os auxiliará em sua ascensão em direção à luz. A grande filosofia molda a mente; a grande ciência traz a luz do conhecimento para o mundo. Porém a religião que nos ensina o nosso dever, que nos inspira com a força para realizá-lo, é maior. E maior ainda é aquele conhecimento da alma humana que transforma o servir diário na senda do progresso e encontra no trabalho mais humilde os degraus que conduzem às realizações mais elevadas.

De acordo com a filosofia teosófica, existem no Universo e nos seres humanos vários planos de existência, sete ao todo, porém uma classificação mais breve atenderá à nossa necessidade neste momento.

Serviço no Plano Físico

Examinemos o Plano Físico e vejamos o que o serviço ali pode implicar. Em primeiro lugar, o serviço implica aquilo que o Buddha chamou de reto sustento, isto é, a maneira correta de ganhar a vida comum, uma forma honesta de obter os meios para a subsistência da existência comum. Isto não significa um sustento baseado em forçar-se a servir aos outros, e tampouco um sustento que tudo tira e nada dá de volta, muito menos aquele que estende as mãos para prender e fecha seus punhos quando se lhe pedem dádivas ao invés de ganhos. O reto sustento implica a honestidade do viver, e honestidade implica que você dê tanto quanto recebe, que você ofereça em troca mais do você recebe, que você meça seu trabalho através do seu potencial de servir e não do seu potencial de coerção. Implica que quanto mais forte o seu cérebro, maior o seu dever de ajuda. Quanto mais elevada a sua posição, tanto maior será o imperativo para direcionar aquela posição ao serviço das necessidades humanas. O reto sustento baseia-se na justiça e o amor torna-o belo.

Mas no plano material pede-se mais do que o sustento que a ninguém fere e a todos serve. Você tem também o dever do reto viver com relação ao plano do corpo, no qual incluo toda a parte transitória da nossa natureza. O reto viver significa reconhecer a influência que exercemos no mundo através de toda a nossa natureza inferior, bem como da superior. Implica compreender o dever que o seu corpo possui para com os corpos de todos, pois você não pode separar seu corpo dos corpos em meio ao qual você vive, visto que intercâmbio permanente processa-se entre eles. Pequenas vidas que constroem o seu corpo hoje ajudam a construir o corpo de outros amanhã, e assim há constante interação e entrelaçamento dessas moléculas físicas.

Que uso você faz do seu corpo? Será que você diz: "É meu. Com ele faço o que melhor me aprouver"? Mas nada do que temos é nosso realmente, porque tudo pertence àquele Eu superior, ao conjunto da humanidade. Os fragmentos não têm direitos que se oponham ao chamado do serviço para com o todo. Assim você é responsável pelo uso que faz do seu corpo. Se, por exemplo, quando estas pequenas vidas surgem para que você delas tome conta, você as envenena com álcool ou torna-as insensíveis com uma forma de vida extremamente luxuosa, você as envia para outros homens, mulheres e crianças onde elas lançam sementes dos vícios que aprenderam com você.

Espalham a gula, a intemperança, a impureza da vida com que você as marcou enquanto eram parte do seu próprio corpo. Todo ser humano que ajuda a disseminar o veneno em uma comunidade é responsável pelo alcoolismo e os vícios que se focalizam naquelas miseráveis criaturas que por eles são afetadas. Você é culpado da degradação do seu irmão ou irmã se não fornecer átomos puros de vida física para construírem outras pessoas que a bem da verdade são unas com você.

Aqui você vê algo do que o servir significa neste plano inferior. Você poderia constituir um exemplo para uma outra forma de serviço, de maneira que outras pessoas possam aprender com sua atividade voluntária. Você poderia simplificar a sua vida física, reduzindo as necessidades físicas. Poderia pensar menos em luxo e mais na vida superior, gastar menos tempo com as necessidades artificiais do corpo e dedicar mais tempo para auxiliar o crescimento de outras pessoas, preocupando-se menos com as ansiedades da vida.

Você dificilmente ousaria apresentar um ensinamento espiritual àqueles que estão sob a pressão da garra férrea da pobreza e que encontram no sofrimento físico uma expressão das misérias de suas vidas. Você deveria traçar o ideal da vida simples e de pensamentos elevados, em lugar do ideal do luxo insensato e a vida materialista grosseira. Será que você pode culpar o pobre por pensar tanto nos prazeres mundanos, desejando tão apaixonadamente as facilidades materiais? Será que você pode culpá-lo se o descontentamento cresce quando você estabelece o ideal que ele copia? Você, pelo prazer material de sua vida, relata e leva para ele o objeto e o alvo da vida humana como nada mais que a alegria dos sentidos, os prazeres momentâneos.

Este também é o seu dever ao servir no plano material. Reduzindo as necessidades do corpo, você pode aprender a alimentar a alma: tornando a sua vida externa mais nobre, mais simples, você pode dar suas energias para aquilo que é permanente e imortal.

Serviço do Plano Mental

O serviço deve ser procurado não apenas no Plano Físico, o mais inferior. No Plano Mental, pode-se servir à humanidade de modo muito mais eficaz do que no Plano Físico. Você pensa que não pode realizar o serviço no Plano Mental, que o Plano Mental é para os grandes pensadores que publicam algumas obras que revolucionam o pensamento? Você pensa que o trabalho no Plano Mental é para o orador que atinge milhares de pessoas quando você pode atingir somente alguns poucos? Isto não acontece. Os grandes pensadores, sejam escritores ou oradores, não têm uma influência tão grande como você pode imaginar, julgando pelas aparências. É verdade, o seu trabalho é grande, mas será que você já foi alguma vez atingido pela fonte do poder do orador, a fonte da energia com a qual ele consegue sensibilizar uma multidão? A fonte não está situada neles próprios e tampouco no seu próprio poder, porém no poder que eles são capazes de evocar nos próprios homens e mulheres a quem se dirigem, nos corações humanos que despertam. É a energia do auditório e não o orador na exteriorização de seu discurso. Os oradores nada mais são que veículos que exprimem em linguagem os pensamentos nos corações das pessoas que não são capazes de articularem-nos. Os pensamentos já estão ali, e quando alguém os transforma em fala, quando outros sentidos não articulados revestem-se da força da palavra dita, então as pessoas pensam que é oratória. São os seus próprios corações que os impulsionam e a sua própria voz, não articulada nas pessoas, que formam o poder que se estende de um canto a outro no mundo.

Isto não é tudo. Cada um de vocês tem pensamentos que difundem pelo mundo afora através do seu pensar diário. Vocês estão criando as possibilidades do futuro e forjando ou dificultando as potencialidades do momento. Até mesmo ao pensarem, o pensamento que agita o seu cérebro torna-se uma força viva para o bem ou para o mal na atmosfera mental. A vitalidade e o poder nele inerentes o fazem operar neste mundo da mente.

Não há alguém, por mais fraco, por mais obtuso que seja, que não tenha uma das forças criativas do mundo em sua alma. À medida que pensamos, os pensamentos saem para moldar os pensamentos e vidas de outros. Quando pensamos em amor e em delicadeza, todo o reservatório de amor no mundo é abastecido até transbordar. À proporção que contribuímos para isto, contribuímos também para formar a opinião pública que molda as ideias da humanidade mais do que imaginamos. Todos têm uma parcela nesta atividade. O seu poder de pensamento torna-os deuses criativos no mundo, e é assim que o futuro é construído. É assim que a raça ascende na direção do Divino.

O serviço constante deve ser procurado não apenas nas esferas física e mental. Nenhuma palavra ou oratória pode adequadamente descrever a natureza ou a qualidade sacra do servir da esfera espiritual. É trabalho realizado em silêncio, sem som ou palavra falada ou o vozerio de atividades humanas. Aquele trabalho está acima de nós e ao nosso redor. Devemos ter aprendido a perfeição do servir nas esferas inferiores, antes que nos aventuremos a aspirar esferas onde é realizado o trabalho espiritual.

O Poder dos Ideais Elevados

Qual é o efeito de tal pensamento filosófico aplicado no mundo contemporâneo? Seguramente é o que deveríamos pensar de forma nobre, que os nossos ideais deveriam ser sublimes. Na vida diária deveríamos sempre tocar a nota mais alta, para depois tentarmos afinar nossas vidas àquele tom. A nossa vontade é elevada pelo ideal. Tornamo-nos aquilo que adoramos.

Olhemos, então, para que aquilo que adoramos tenha em si o poder de transformar-nos na imagem do ser humano perfeito, no ouro perfeito em que a humanidade ao final será constituída. Se vocês quiserem auxiliar nesta evolução, fazendo a sua parte neste grande trabalho, permitam que os seus ideais sejam a verdade em cada pensamento e ato da vida. Pensem verdadeiramente; do contrário, agirão falsamente. Que nada de duplicidade, de insinceridade e de falsidade afete o santuário interior de sua vida, porque se este for puro, as suas ações serão imaculadas, e a radiância da verdade eterna tornará as suas vidas fortes e nobres.

Sejam não apenas verdadeiros, mas também puros, porque da pureza surge a visão do Divino, e apenas o puro de coração, como disse o Cristo, verá Deus. Em qualquer expressão que vocês queiram colocá-lo, em quaisquer palavras com que queiram descrevê-lo, isto é verdade. Apenas o puro de coração terá a visão beatífica, porque apenas aqueles que são puros podem compartilhar daquilo que é em si pureza absoluta.

A estes ideais de verdade e de pureza precisamos acrescentar um ideal que está faltando na vida moderna: o ideal da reverência por aquilo que é nobre, da adoração por aquilo que é mais elevado do que nós próprios. A vida moderna está se tornando trivial porque não somos suficientemente fortes para a reverência. Ela está se tornando desprezível, sórdida e vulgar porque as pessoas temem afundar-se caso se curvem àquilo que é maior do que elas próprias. Mas a adoração àquilo que é superior a vocês próprios haverá de elevá los; não de degradá-los. O sentimento de reverência é um sentimento que nos engrandece, não nos diminui. Falamos tanto sobre os direitos que esquecemos aquilo que é superior aos nossos direitos. É o poder de ver o que é mais nobre que aquilo que sonhamos, inclinando-nos diante disto até que permeie a nossa vida e transforme-nos à sua própria imagem. Apenas os fracos têm receio de obedecer e temem a humildade.

Com o mundo como se nos apresenta hoje em dia, a democracia no mundo externo é a melhor forma de levar a vida exterior. Mas se fosse possível que, a exemplo do que ocorreu no antigo Egito e na Índia, os próprios deuses caminhassem pela Terra na forma de seres humanos e ensinassem às pessoas a verdade mais elevada, treinando-as na vida superior e transmitindo o conhecimento superior, será que reivindicaríamos sermos seus iguais? Estaríamos nos degradando ao sentarmo-nos a seus pés para aprender?

Se vocês pudessem integrar na vida moderna aquele sentimento de reverência pelo que mais puro, mais nobre e maior – pela sabedoria, pela força, pela pureza – até que a paixão da sua reverência trouxesse aquelas qualidades, integrando-as na sua própria vida, então, o seu futuro como uma nação estaria assegurado. O seu futuro como um povo seria glorioso. Vocês, homens e mulheres da América, criadores do futuro, não se elevarão às possibilidades divinas que cada um de vocês possui, ocultas em seu próprio coração? Por que ir apenas ao inferior, quando as estrelas estão acima de vocês? Por que dirigir-se apenas ao pó quando o Sol envia raios nos quais vocês podem elevar se para o seu próprio coração?

O futuro é seu porque o estão forjando hoje. À medida que vocês constroem o templo da sua nação e têm esperanças, nos dias vindouros, de que sua nação se elevará de forma nobre entre as pessoas da Terra e se projetará como pioneira da verdadeira vida, da verdadeira grandeza, lancem as potentes fundações hoje. Nenhum prédio, cujas fundações estejam corroídas, pode permanecer em pé; nenhuma nação, cujas bases não sejam divinas, pode perdurar. Vocês têm o poder, a escolha é sua. À proporção que exercitarem este ideal, a América dos séculos vindouros abençoa-los-á pela maneira com que vivem ou condena-los-á pelo seu fracasso, porque vocês são os criadores do mundo, e como vocês desejarem, assim será.

11

O USO DO MAL

O mistério do mal constitui um problema que vem desafiando o intelecto humano por milhares e milhares de anos. Ainda é debatido com tal grau de energia, intensidade e interesse, como se jamais tivesse sido considerado antes. Isto mostra que ainda permanece sem solução. Instintivamente, poderíamos imaginar que este problema ensinaria lições valiosas e importantes se pudéssemos realmente compreendê-lo e que, subjacente ao problema do mal, encontra-se oculta alguma verdade inestimável.

Não tenho a pretensão de querer resolver este problema imemorial, mas espero expor determinadas considerações que poderão lançar alguma luz sobre a questão, se a respeito dela pensarmos. Para ajudá-los a terem estas considerações mais facilmente em suas mentes, dividi o assunto em quatro tópicos:

1. a origem do mal
2. a relatividade do mal
3. o uso do mal
4. a cessação do mal.

Espero poder mostrar com esses tópicos que o mal constitui uma condição necessária da manifestação, originando-se nela. Também desejo mostrar que o mal não existe de forma absoluta, por si só, mas é relativo. Existe nas relações entre as coisas e não é a elas inerente, variando com o tempo, com a sucessão dos acontecimentos e com o progresso do Universo.

Espero, também, mostrar os propósitos a que serve o mal, os usos que possui e como dele podemos escapar e, através do seu uso, romper os liames que nos vinculam à roda de nascimento e morte.

Embora vivendo no mundo, podemos nele viver sem gerar *karma*, e, desta maneira, para usar uma expressão bem conhecida, podemos queimar o *karma* no fogo do conhecimento. Espero que vocês se ocupem da análise dessas ideias por vocês mesmos.

Os Opostos

Consideremos, agora, a origem do mal. Para começar, precisamos compreender que nenhum Universo pode manifestar-se de modo algum, nenhuma manifestação pode ocorrer, nenhuma multiplicidade pode surgir, nenhuma diversidade pode acontecer, a menos que haja limitação. A Existência Una, às vezes chamada *Brahman*, é absoluta e indivisa; não possui atributos nem qualidades. Há apenas unidade, sem diversidade ou multiplicidade. É o "Uno sem par."

Quando você tenta pensar sobre esta Existência, no próprio processo de pensar você terá que separar-se dela. Você, como uma mente, esforça-se por considerar algo que é pensamento e que não é o pensador. Por este próprio esforço de pensamento, você introduz dualidade naquilo que você está tentando compreender como unidade. Quando há separação entre o pensador e o pensamento, que está implícito no esforço, existe diversidade – e não *Brahman* como Uno no qual não há dualidade; não há Ser separado, no qual não há nem pensador nem pensamento.

O pensamento implica percepção e objeto de percepção, porém *Brahman* é unidade absoluta, identidade absoluta. Falamos de pensamento onde o pensamento não pode existir. *Brahman* é incondicionado, portanto ininteligível e sem limitação. Assim, está em verdade escrito que Aquilo não é nem consciente, nem inconsciente. Contudo, existe alguma essência mais profunda que passa a ser consciência, desde que condicionada, porque a consciência implica dualidade, algo que é consciente e algo de que é consciente. A dualidade está implícita no próprio momento em que é usada a palavra "consciência". Assim, unidade absoluta, onde há identidade e não diversidade, onde nada há senão o Uno sem par, não há possibilidade de pensamento, porque há ausência de condições e limitação.

Mas exatamente quando o Universo vem à existência, é como se devessem ocorrer condições e limitação. A limitação é uma condição da manifestação, pois no exato momento em que se chega ao ponto de manifestação, uma circunferência terá de ser traçada do ponto central, o círculo de um Universo. Sem isto, o pensamento estará perdido na Unidade absoluta, na identidade. Dentro deste círculo o pensamento pode ser exercido, a própria "manifestação" implica esta limitação. A manifestação, pela lei da mente, logo implica sua antítese, a ausência da manifestação. Unido ao que quer que você possa pensar vem o seu oposto, pois o oposto está implícito no próprio ato de definir: "A" implica "não-A". Portanto, somos compelidos a formular "ausência de manifestação", e ainda assim não se pode realmente dizer que a concebemos.

Um Universo pode vir a existir somente por um processo de limitação. Condições autoimpostas dentro da Unidade Infinita podem ser conhecidas como a fronteira que limita o pensamento. Quando isto for compreendido, o próximo passo será muito simples. Existindo a diversidade, a limitação, imediatamente está implícita a imperfeição. O perfeito é ilimitado, e o limitado, imperfeito. Assim, a imperfeição deve ser o resultado da limitação. Na totalidade pode-se encontrar perfeição; ela está no todo, porém, não nas partes. No exato momento em que você tem partes, multiplicidade, vários corpos, cada corpo considerado separadamente é imperfeito, porque é menos do que o todo. O próprio fato de constituir uma parte prova que ela é imperfeita. Um fragmento não pode ser perfeito; somente o todo pode ter a perfeição como qualidade. A existência do Universo, pelo próprio fato da limitação, implica imperfeição no limitado; todo objeto, sendo necessariamente limitado, também é necessariamente imperfeito, pois é menos do que o todo.

Ao compreender este ponto, você terá sua origem de imperfeição, do que é chamado de mal. Assim, a imperfeição é coeterna com o Universo. Sendo limitado, a imperfeição é sua condição necessária, de maneira que sempre que um Universo vier a existir, a imperfeição terá de vir a existir ao mesmo tempo. O fato da manifestação constitui a origem da imperfeição.

Mas quando vamos adiante para abordar aquilo que é denominado mal, encontramos algo mais em nossos pensamentos do que esta imperfeição necessária de corpos separados. Embora a essência da imperfeição esteja na própria existência do Universo, aquilo que chamamos de mal reside no grau de imperfeição e na sua relação com tudo o mais. As próprias palavras "bem" e "mal" implicam relatividade, os pares de opostos necessários ao pensamento. A palavra "bem" não serve como qualidade do que for até que seja reconhecida a ideia do mal, o "não-bem"; porque o bem e o mal são termos correlatos. Um pode apenas ser distinguido como sendo o oposto do outro, que está implicitamente presente na mente ao mesmo tempo.

Constitui uma lei fundamental da mente que o pensamento opere através de diferenças, através da discriminação da diferença entre "A" e "não-A", representando "A" o objeto individual sobre o qual se pensa, e "não-A" tudo o mais que se exclui daquele objeto individual. Assim, se você disser "bem", você separa o bem daquilo do qual se distingue, o "não-bem". Sem esta separação nenhuma ideia do bem pode estar presente na mente, pois compreendemos "bem" apenas por contraste com aquilo que é "não-bem" e que dela se distingue. Na ausência daquela distinção, nada existiria que pudéssemos chamar de "bem". Assim, o "bem" e o "não-bem" representam um par de opostos e um é apenas possível graças à existência do outro.

De modo semelhante, pode-se considerar um outro par de opostos. Comparemos a luz com a escuridão. A luz não teria significado no pensamento se não existisse a escuridão ou a não luz. A luz pode apenas ser conhecida pelo pensamento em virtude da não luz. Corpos emissores de luz podem ser reconhecidos no pensamento, porque nem todos os corpos emitem luz; e tanto isto ocorre que a presença de corpos não emissores de luz é necessária para a compreensão da luz. Por mais surpreendente que possa parecer, os astrônomos nos dizem que as profundidades do espaço são escuras, não claras, embora sejam plenas de frequência que na Terra reconhecemos como luz. Por quê? Porque existem espaços incomensuráveis neste poderoso Universo onde não há corpos que refletem a luz. Na ausência desses corpos escuros, a luz não pode ser refletida. Portanto, o espaço, que está pleno de vibrações, é absolutamente escuro.

A Relatividade do Mal

Analisem ainda mais este mesmo pensamento. O mal não existe por e em si próprio, como poderíamos julgar a partir dos fenômenos que nos circundam. O mal, como o bem, reside nas relações entre um objeto e outro; é relativo, não absoluto. Aquilo sobre o qual falamos como mal em um lugar pode não ser mal em outro. A evolução implica um caráter mutante, e o que é bem em um estágio, pode ser mal em outro.

Uma ilustração mostrará o que quero dizer. Você pode ter um corpo que vibra de forma violenta, vibrando sem tocar qualquer outro corpo. Poderá estar vibrando interna e externamente, o que não causaria qualquer dano e não resultaria em algo que você reconheceria como mal. Mas coloquemos um outro corpo em contato com aquele corpo vibrando fortemente. Produzirá o que chamamos de prazer ou dor, se o segundo corpo tiver poder de resposta, de reação àquilo que está fora, e de percepção da vibração à qual responde. Ao estabelecer contato com o corpo que está vibrando violentamente e, ao receber o choque, poderá surgir aquilo que denominamos sensação de dor.

A dor, por sua vez, é considerada como parte do mal do Universo, como resultado daquilo que se chama de mal. Mas, na realidade, a dor é o resultado do contato entre dois objetos que, separadamente, são inócuos. Surge da interrelação de objetos que, separados, não produzem dor, mas apenas são imperfeitos. Mas ao entrarem em ação recíproca, os dois objetos, por assim dizer, operam um contra o outro. Aparece, então, aquilo que chamamos de mal. A natureza do resultado depende da relação entre os dois. Não depende das imperfeições inerentes a cada um, porém, de sua relação.

À medida que a evolução prossegue, aquilo que denominamos de mal necessariamente terá de desenvolver-se cada vez mais. O resultado da evolução é trazer à existência consciente tipos de organismos cada vez mais elevados, seres vivos que estabelecem relações progressivamente mais complexas com outros seres que os circundam. Este poder de reação é, num crescendo, intensificado nesses organismos. Também desenvolvem-se a memória da resposta e a capacidade de posicionar os objetos lado a lado, de comparar e de considerar os resultados da comparação, dela retirando volições.

Há, então, a experiência, aos poucos reunida, que ilumina a consciência em desenvolvimento, possibilitando que reconheça certos aspectos como contrários ao progresso, à evolução superior, aspectos que retardam a evolução e tendem a produzir a desintegração ao invés da integração maior.

Ora, o que significa a evolução? É apenas a construção de organismos mais elevados e mais complexos que exprimem com cada vez maior perfeição a Vida que é divina, a Vida que está procurando manifestar-se no Universo. Quando mencionamos as manifestações como sendo superiores ou inferiores, realmente queremos dizer que exprimem o divino de uma forma mais ou menos intensa. Passamos a chamá-los de "superiores" e "inferiores" apenas à medida que manifestam qualidades que tendem a diminuir a separatividade ou a desenvolver a unidade, que afastam do polo da matéria conduzindo ao polo do Espírito. O lado mais grosseiro das manifestações da Vida Una é o que descrevemos como matéria.

Isto implica que há dois polos em manifestação: o da forma ou matéria, por um lado, e o da vida ou Espírito, por outro. São os dois aspectos opostos daquela Vida Eterna única. O processo da evolução consiste naquela Vida em seus aspectos duais projetando-se para causar diversidade e, uma vez atingido o limite da diversidade, recolhendo-se para integrar as unidades diferentes e separadas em uma unidade poderosa e enriquecida. A vida que vai em direção ao exterior procura a diversidade e, portanto, pode-se dela dizer que tende ao polo da matéria. A vida que vai em direção ao interior procura a unidade, e dela pode-se dizer que tende ao polo do Espírito.

Eis uma verdade a ser ponderada. Se considerarmos que o bem representa tudo aquilo que opera em harmonia com a grande Lei, e que o mal representa tudo o que opera contra ela, então as qualidades agora consideradas, e corretamente consideradas, como o mal – o egoísmo, o desejo de ganhos materiais etc. – teriam sido o bem durante a "descensão à matéria", porque apenas através desses aspectos poderia ter sido obtida a diversidade. Agora, é o mal retardando o processo de integração, retendo a maré que flui para o interior da vida na direção do polo do Espírito. Assim compreendemos, novamente, a relatividade do mal, e percebemos que uma qualidade em determinada ocasião boa, subserviente ao progresso do Universo, passa a ser má quando deveria ter sido deixada para trás na onda da evolução. Quando persiste em um estágio superior àquele a que pertencia, retarda o progresso que certa feita acelerou.

Em seu caminho de volta, a evolução está desenvolvendo o lado da vida da Natureza. Torna a matéria progressivamente mais plástica, por assim dizer, cada vez mais delicada e complexa em sua organização. Por sua própria complexidade, seu equilíbrio passa a ser tão instável que adquire com facilidade formas de vários tipos, produzidas sob impulsos internos; torna-se uma mera vestimenta graciosa através da qual a Vida se expressa. Afinal, a matéria nada mais é senão a forma sutil que exprime a Vida ao limitá-la. Muda a forma a cada impulso oriundo da Vida e apresenta novas formas com os diferentes impulsos da Vida que parte e retorna. Isto é evolução.

Quando começamos a compreender o significado da evolução, consideramos tudo o que contribui para a evolução como estando em harmonia com os propósitos do Universo e, portanto, no lado de uma integração progressivamente maior, da construção de uma unidade complexa. Designamos como "bem" tudo aquilo que opera naquela direção, e como "mal" todas as tendências que persistem a partir daquele estágio da evolução no qual maior diversidade foi procurada. Compreendendo que a evolução é agora o processo de construir objetos separados em uma unidade perfeita, denominamos "bem" tudo aquilo que tende diretamente à harmonia, à agregação, ao desenvolvimento de uma unidade maior, à expressão da

Vida divina com perfeição sempre crescente. Denominamos "mal" tudo o que inibe aquela agregação e introduz as formas anteriores no presente, tudo aquilo que retarda a passagem ao que é relativamente perfeito e mais elevado.

Suponhamos agora que colocássemos este pensamento em prática. O que encontraríamos? Aquilo que no passado deu origem à evolução e não era mal passa a sê-lo quando persiste na evolução do organismo mais elevado, retardando assim o seu crescimento. Por exemplo, no reino mineral temos minerais e rochas lançadas por erupções vulcânicas. Estas erupções estremecem determinados corpos. A sua tremenda emissão de gases, acompanhada de explosões seguidas da reação aos materiais separados, transforma em deserto uma planície fértil. Vocês pensam que isto é mau. Contudo, mentes mais sábias consideram isto como fazendo parte do processo regenerativo da Natureza, através do qual, por meio de desintegração e colisão, são tornadas possíveis novas combinações. A face da Terra transforma-se: cadeias de montanhas se desfazem, rios e canais são criados e através desta violenta ação destrutiva novos continentes aparecem. Lares para formas de vida mais elevadas são viabilizados no decurso da evolução.

Façamos uma pausa por um momento para pensarmos sobre como é formado um continente. Examinemos a tremenda atividade daquelas forças vulcânicas, imaginando o surgimento de uma cadeia de montanhas em determinado local. Depois, analisemos a formação de grandes geleiras, grandes massas de gelo, vendo que em breve forçarão o seu caminho montanha abaixo, alcançando a planície. Vemos seu curso incessante formar caminho e ouvimos o seu deslocamento, colidindo, rompendo, estremecendo, lançando ao alto as massas que voltam a cair retumbantes. Testemunhamos os processos daquele mundo de lutas e conflitos, ruídos, perturbações e dificuldades e vemos a força marcial daquelas energias que parecem estar atuando apenas para a ruína.

Mas, no correr dos séculos, ainda verificamos que onde certa feita havia uma imponente geleira, existe agora um novo canal que foi escavado ao longo da montanha e das planícies pela ação da geleira. Quando observamos, vemos a água que está se reunindo neste canal, fluindo em volume cada vez maior até que, onde havia a força destruidora do gelo, há um grande rio repleto de água doadora de vida. À medida que a água flui através da planície, cresce a vegetação nas margens. Grandes cidades são construídas, alimentos podem ser cultivados, verdejantes árvores crescem e casas são vistas.

Qual teria sido a sorte da humanidade sem aquela evolução precedente? Podemos ver que se a atividade perturbadora não tivesse tido plena liberdade de ação em épocas anteriores, nada disto poderia ter realmente acontecido. A isto não podemos chamar de mal.

Nada existe enquanto mal em si mesmo, apenas simples forças destruidoras e atrativas em operação. O Ser que é a fonte de toda a vida, o Grande, o Senhor, às vezes, é conhecido como Destruidor e, às vezes, como Regenerador, pois até que o inferior seja destruído, o superior não poderá nascer e toda morte constitui tão-somente o aspecto inferior de um nascimento mais elevado.

Voltemo-nos para a humanidade, àqueles que estiveram se desenvolvendo gradualmente e começaram a raciocinar e a lembrar, a comparar, e, portanto, a julgar e a compreender. Os seres humanos, tendo-se desenvolvido até um estágio em que causar dor a outros é contra a sua evolução na direção do amor divino, chamam este ato de crime. Dizemos que o assassinato é um ato mau, porque o assassino está se revertendo a um estágio anterior na evolução o qual deveria ter sido ultrapassado. Como ser humano, deveria ter evoluído na direção de uma vida mais elevada de harmonia. Mas o assassino está dando vazão a uma inclinação que retardará o crescimento e é prejudicial neste estágio. No ponto da evolução que deveriam ter alcançado, tais pessoas deveriam fazer parte das forças que evoluem na direção da harmonia divina, não retardando a evolução e tornando-a mais lenta.

A Necessidade da Oposição

Explicarei agora o uso desta ação de retardamento. Suponhamos que vocês comecem a compreender que, na esfera do pensamento e da ação, é possível colocar-se ou no lado do progresso ou no lado do retardamento. Vocês compreendem o seu lugar no Universo e o verdadeiro trabalho da Natureza. Podem deliberadamente colocar-se ou no lado da vida evolucional ou no lado das forças que, retardatárias à evolução, acabam por detê-la – forças que são contra o progresso.

Vocês terão de escolher o lado com o qual se identificar. A escolha está em suas próprias mãos. Vocês devem compreender que, se escolherem o lado que retarda a evolução, terão escolhido a destruição ao identificar-se com a ação desintegradora. Se escolherem a harmonia com a vida em evolução, terão escolhido a continuação, porque terão se identificado com aquilo que é a lei do progresso, e a sua identificação com aquela lei dar-lhes-á a permanência que resulta da harmonia.

Vocês podem perguntar por que a identificação com as forças de retardamento conduz à destruição. A resposta é que a Vida Divina, em sua marcha evolutiva, retorna à unidade: tudo o que se harmoniza com o seu poderoso curso é levado adiante sem perda de energia. Por outro lado, tudo o que se opõe à evolução e provoca divergência e retardamento desgasta-se a si mesmo pelo próprio atrito que ocasiona. É uma lei de movimento que um corpo móvel continue a mover-se caso não encontre oposição, mas se o atrito for gerado por ter entrado em contato com outro corpo, então, gradualmente, deter-se-á. Sempre que há atrito, há dispêndio de energia; o atrito transmuta a energia do movimento em outra forma, como o calor, e a energia é dissipada. Assim, o atrito continuado ocasiona a dissipação da forma que a ele está sujeita. Não significa que a energia foi aniquilada ou destruída; isto não pode ocorrer. Significa que a forma, que estabelece contato com aquilo em que a força oposta está manifestada, é destruída. A forma perece porque a oposição deixa-a em pedaços, ou ainda ela se despedaça a si própria contra a força opositora. Mas a energia persiste, pois faz parte da Vida Una Eterna.

Vocês podem perguntar: por que esta força retardatária? Por que deveria haver na evolução esta ação de retardamento? Por que deveria haver algo em oposição? Se tudo surge do Uno, como pode desenvolver-se?

Primeiramente, a condição de qualquer diversidade é a manifestação dos polos opostos de Espírito e matéria, de luz e escuridão. Em segundo lugar, para o seu desenvolvimento torna-se necessário para as qualidades positivas que sejam exercitadas contra a oposição. Sem oposição, nenhum desenvolvimento é possível. Todo o crescimento e desenvolvimento resultam do exercício da energia contra algo que a ela se oponha.

Pensem por um momento e verão como é verdadeira esta afirmação. Se vocês desejam desenvolver força em seus músculos, como deverão proceder? Exercitando-os, estimulando-os e não os mantendo em repouso. Há algumas pessoas que praticam uma forma particular de ascetismo, estendendo o braço e mantendo-o rígido, de maneira que a contração muscular não possa produzir-se. Depois de um espaço de tempo, o braço torna-se fixo naquela posição; torna-se rígido. Os músculos perdem o poder de contração e não mais constituem canais de energia viva. Há estagnação, ausência de esforço, de oposição a forças resistentes. O resultado consiste em lançar o braço, por assim dizer, a uma forma inferior de vida, da qual o movimento não faz parte, e o braço torna-se tão rígido quanto uma pedra ou um pedaço de madeira. Perdeu o poder muscular por falta de exercício, porque permaneceu inativo e estagnado.

Se você deseja desenvolver seus músculos, o que faz? Levanta pesos. Você opõe os músculos ao peso, forçando-os, aplicando-os contra a força opositora do peso. O peso tenta puxá-lo para baixo enquanto você tenta forçá-lo para cima. O efeito deste conflito é o desenvolvimento de energia muscular, de força nos músculos. A musculosidade é desenvolvida através do trabalho contra o peso opositor, até que se torna mais forte e capaz de vencer as forças opositoras. Quanto mais o músculo for exercitado, tanto mais poderoso será. Todo este desenvolvimento surge porque foi usado no peso opositor, e através do exercício a oposição foi vencida. Deste obteve-se vida e força, porque à medida que o músculo aumenta sua capacidade de reter vida, a vida para ele flui. A força que podemos extrair da Vida Divina circundante é apenas limitada pela nossa capacidade de receber e reter.

Virtude e Mal

Esta é a forma para usar o mal. A vida que está em você não pode manifestar suas potencialidades mais elevadas a menos que você seja colocado em condições em que possa desenvolver-se, lutando contra a oposição. O mal é como se fosse o peso opondo-se ao músculo; à proporção que vocês desenvolvem o corpo, lutando contra o peso externo opositor, assim vocês desenvolverão o caráter moral ao lutar contra o mal que é o oposto de cada virtude.

Cada virtude tem o seu mal oposto: verdade e falsidade, coragem e covardia, compaixão e ódio, humildade e orgulho. Todos são pares de opostos. Como pode você desenvolver a verdade, senão através da luta contra o que é falso e da compreensão de que no mundo ao seu redor existe falsidade em todo canto? O que você pode fazer quando compreende a força desta realidade, senão contradizê-la e colocar-se em oposição a ela? Você jamais deixará escapar uma palavra de falsidade de seus lábios; jamais deixará um falso pensamento encontrar guarida em seu cérebro; jamais deixará que uma ação falsa desfigure a sua conduta. O resultado do reconhecimento da falsidade será o de desenvolver em você a necessária força para a verdade. Quando você luta contra a tendência à falsidade, você desenvolve crescente potencial para ser verdadeiro.

O que vem a ser a Verdade? A Verdade é *Brahman*; é Vida; a Verdade é a essência daquilo que chamamos de Vida Divina. Alcançamo-la no combate contra a falsidade, desenvolvendo, por assim dizer, a virtude que é o receptáculo da Vida Divina. À medida que você aumenta e amplia a sua capacidade para a Verdade, combatendo a falsidade – da mesma maneira que o músculo cresce pela prática contra o peso – você estará fazendo do seu caráter um receptáculo para a Vida Divina, aquela Vida Divina que fluirá em você em volume sempre maior, dando-lhe mais força. Assim você estará desenvolvendo aquelas qualidades da Verdade que você jamais poderia ter alcançado sem oposição, e as quais, em proporção às energias obtidas pelos seus esforços contra a falsidade, purificarão a sua natureza, tornando verdadeira a vida a qual você está desenvolvendo.

Isto também sucede como qualquer outra virtude. A coragem é desenvolvida na presença, e não na ausência, de algo que você teme. Se não houvesse objetos a dar origem à sensação de medo, então a coragem jamais poderia ser desenvolvida. Mas a presença daquilo que origina a sensação do temor aumenta a experiência da alma e gradualmente desenvolve a coragem.

Você já notou alguma vez em uma criança como um objeto, que a estava atemorizando quando visto pela primeira vez, perde a sua qualidade aterradora à medida que se torna cada vez mais familiar? Veja como são tímidas as crianças em tenra idade; veja como elas vislumbram até mesmo em uma face estranha um objeto que as assusta. Como as crianças perderão sua timidez e tornar-se-ão corajosas no trato com as pessoas? Não será ao fechá-las em um quarto, onde jamais verão quem quer que seja. Se não virem faces estranhas, não terão medo. O medo é gerado por deixá-las encarar objetos desconhecidos. Em breve, começarão a compreender, até que, com as experiências constantes, o temor seja eliminado e a força e coragem ocupem seu lugar.

Poderia avaliar virtude após virtude para mostrar que elas crescem apenas diante da oposição, que no resultado dessas forças opositoras reside o valor desta energia retardatária. Aí está o valor da evolução do mal. Atua como um peso contra o esforço na direção da perfeição e, desse modo, desenvolve o potencial que impede o anelo por essas formas destinadas à destruição. Aqueles que escolhem aliar-se àquilo que está destinado à destruição terão de compartilhar o destino daquelas formas que escolheram como suas. Mas a energia que é necessária à evolução na direção da condição da perfeição estaria ausente sem o mal. A presença do mal no Universo possibilita que o bem cresça e que a perfeição triunfe.

Outro uso fundamental do mal é a evolução do poder discriminatório entre o bem e o mal, e, assim, da volição, da escolha. Como poderíamos distinguir a Verdade, exceto ao discerni-la daquilo que não é verdadeiro? Como deveríamos aprender o seu valor intrínseco se não o encontrássemos na experiência dos efeitos destrutivos da falsidade, nas pessoas e na própria sociedade? "A" é trazido à consciência apenas pela presença do "não-A"; o último é necessário à definição do primeiro. Assim, as nossas mentes permaneceriam em branco com relação à Verdade – não poderíamos compreendê-la, conhecê-la, defini-la, exceto ao distingui-la por suas diferenças da não Verdade. E assim sucede com cada virtude, com o bem em sua totalidade. Apenas pelo reconhecimento do mal podemos conhecer o bem, e a experiência do mal é necessária para reconhecer o mal.

O Lugar da Dor

O mal também é útil como uma adversidade que nos impulsiona ao bem, pois uma vez que o mal é discórdia com as forças evolutivas da Vida Divina em manifestação, ele terá de resultar na dor. Na verdade, a dor representa vibração discordante. Portanto, o mal inevitavelmente traz o sofrimento como resultado, não por penalidade arbitrária, mas por necessidade inerente.

E o sofrimento dá origem a um sentimento de repulsa para com a causa do sofrimento. Afasta-nos do lado da natureza que, de forma desarmônica e tumultuada, mergulha na desintegração, carregando consigo as personalidades que escolhem identificar-se com ele.

Na poderosa corrente de Vida Divina que circula como um Universo, tudo é levado em seu leito. Mas uma corrente arrasta para baixo todos os crescimentos monstruosos e desordenados para que sejam desintegrados na forma das matérias-primas que comporão uma nova construção. A outra corrente leva adiante todos que estão se moldando em expressões ordenadas, e que, por tornarem-se veículos da Lei, compartilham de sua permanência como uma manifestação essencial da Realidade Una.

Ao abordar o tema da dor, disse que lhes mostraria como é possível para este mal, que vemos ao nosso redor e que reconhecemos como tal, poder gradualmente perder o seu poder retardatário sobre nós, à medida que o deus em nós se desenvolve para o exterior e nos preenche com força. A linha ao longo da qual tenho estado a conduzi-los possibilitará que vocês vejam com compreensão e, portanto, com absoluta benevolência e caridade, todas as formas de mal que os envolvem. Nelas vocês verão imperfeições inevitáveis. Se vocês observarem uma alma humana lutando na corrupção e no mal, não sentirão ira, intolerância ou ódio. Saberão que esta alma, apenas em virtude do mal com o qual está lutando, gradualmente conquistará força e tornar-se-á triunfante sobre ele.

Por fim, você compreenderá como o Divino está em tudo, tanto no bem como no mal, que Sri Krishna é o vício do jogador, da mesma maneira como é a pureza dos justos. O nosso Universo tornar-se-á pleno de esperança, porque vocês reconhecerão que o Todo está trabalhando na direção da perfeição e que o bem e o mal são as duas forças que cooperam para libertar a alma, uma ao atraí-la para cima, e a outra ao destruir tudo aquilo a que se atém e que não é Deus.

O ponto ao qual desejo conduzi-los é aquele em que, à proporção que vocês aos poucos reconhecem esses fatos, o objetivo do eu individual será o de tornar-se perfeitamente uno com a corrente de Vida Divina fluindo para o interior. Este é o começo da compreensão, o começo do entendimento do significado do Universo. Vocês começarão a usar aquilo que parece ser mau a fim de que possam despojar-se de tudo aquilo que os prende ao lado transitório da Natureza. Assim, passarão a encarar a dor como verdadeiro auxiliar.

Diz-se que a dor é um mal. A dor não é agradável, mas ela não é um mal. É desejável e não indesejável, pois é uma condição para obter a perfeição e, sem ela, a perfeição não pode existir. Por quê? Porque o desenvolvimento terá de tornar-se consciente; ou seja, deverá haver um desenvolvimento gradual de pensamento dentro de nós. Mas através de que processo podemos assegurar isto? Quando nos voltamos para o exterior, na direção de um objeto que nos atrai, inicialmente procuramos apenas satisfação. Mas não há satisfação permanente no exterior; nada há ali que possa dar satisfação permanente ao atrair a alma iludida.

A alma tem sido comparada a um cocheiro que se encontra sobre a carruagem, usando a mente com as rédeas para refrear os cavalos dos sentidos. Quando os cavalos galopantes dos sentidos levam a alma aos objetos do desejo, como as almas aprenderão que esses objetos não são realmente desejáveis? Como perderão o desejo, que se projeta sobre aqueles objetos, ao qual jamais podem satisfazer? E como aprenderão a voltar-se para o interior, para o centro, procurando apenas *Brahman*?

A alma pode ser conduzida a voltar-se na direção de seus desejos apenas quando verifica que tudo aquilo que não é *Brahman* afasta-se e, ao fazê-lo, traz a dor. Vocês desejam a gratificação dos sentidos. Este desejo poderá apenas ser eliminado ao descobrir-se que os prazeres dos sentidos são muito transitórios, e que, se forem seguidos em demasia, trarão desgosto, sofrimento e dor, e que, portanto, a liberdade e a sabedoria residem em libertar-se do desejo pelos prazeres dos sentidos. Se, ao termos sido atraídos pela sensação do paladar, por ser agradável, verificarmos que, para gratificar esta sensação ao máximo, ocasionaremos fastio, então estaremos começando a ver que é mais sábio escolher algo mais permanente do que a gratificação do paladar. A raiz do desejo é extirpada e não mais pode originar brotos inferiores.

Vocês jamais conseguirão convencer as pessoas que isto é assim, a menos que elas tenham perseguido os objetos dos desejos inferiores e encontrado os resultados que deles advieram. A argumentação ou o raciocínio não resolveriam. Mas quando estas pessoas tiverem gratificado ao máximo o seu paladar, tornando-se glutões, em breve verificarão que tornaram seus corpos deploráveis. Suas vidas serão uma série interminável de sofrimentos. Enfermidades resultam da gratificação que experimentaram, e a gratificação trouxe a dor como resultado. Então não mais desejarão gratificar-se a si próprios daquela maneira e começarão o longo processo de cortar a raiz do desejo.

Este é o único caminho pelo qual o desejo pode ser finalmente extirpado. Vocês apenas podem livrar-se dele pela gradual compreensão, através da experiência, de que a gratificação de todos os desejos que não sejam de natureza ascendente é uma fonte de dor. Nada senão esta experiência poderá afastar o desejo. A destruição do desejo realiza-se não por uma compulsão externa, porém pela vontade interior, e esta é forjada pela dor. Portanto, a dor, erroneamente designada como mal, é uma das maiores bênçãos para nos afastar do transitório, fixando-nos no eterno. Porque apenas através da dor poderemos ter qualquer chance de aprendizado; somente pelo desgosto em relação às coisas do mundo surgirão aquelas aspirações internas que, por fim, serão gratificadas na visão da Verdade Divina.

Mal-entendidos sobre este tema são muito fáceis de ocorrer, mas são perigosos. O estágio de máxima gratificação do desejo que descrevi é o estágio da infância da alma. É um estágio anterior à expressão da memória do sofrimento passado e anterior à gratificação, traduzido como voz da consciência, como alerta à natureza inferior sobre os perigos de ceder ao desejo. Uma vez que tenha havido suficiente experiência para trazer tal alerta da alma, então será loucura não considerá-lo e gratificar o desejo.

A máxima gratificação do desejo pertence ao estágio em que a pessoa cede à atração exterior sem pausa ou dúvida, sem questionamentos. É seguida de nenhum lamento, nenhuma parcela de vergonha ou remorso. Qualquer questão, sobre a adequação ou sabedoria de gratificar o desejo, mostra que a memória da alma contém um registro do sofrimento que acompanhou gratificação semelhante no passado; do contrário, questão alguma poderia surgir. Ao não prestar atenção ao alerta, a dor do remorso acrescentar-se-á à dor da saciedade.

Assim, aprendem-se lições progressivas, até finalmente compreendermos que a sabedoria reside em recusar a compra de futuras dores com o prazer temporário. E depois começamos a enfraquecer os desejos, recusando-nos a alimentá-los. Permanecendo nas dores inerentes à gratificação, cortamos sua raiz com o machado do conhecimento, forjado pela experiência.

Todas as pessoas medianas, todas, exceto as mais inferiores e brutas, alcançaram o estágio em que a voz da consciência é ouvida. Portanto, deveriam começar a cooperar conscientemente com a tendência ascendente que as atrai para fora do lamaçal da materialidade e para dentro da vida espiritual.

Ação sem Desejo

Mas como podemos romper os nossos vínculos? A resposta verdadeira é indicada naquela lei que lhes mostrei. Os vínculos são rompidos por essas experiências inevitáveis que, vida após vida, ensinam à alma a natureza do Universo no qual ela surgiu. Mas o desejo é uma força constritiva, e enquanto houver desejo, precisaremos renascer. Seremos novamente atraídos pelo desejo para o bem e também pelo desejo para o mal; o desejo de felicidade religiosa, bem como de alegrias terrenas; o desejo de exultação, de amor, até mesmo de conhecimento. Uma alma poderá desejar resultados de caráter elevado e nobre. Ainda assim há desejo por resultados, e este nos constringe a lugares onde resultados serão encontrados.

Portanto, a fim de nos libertarmos do *karma*, teremos de libertar-nos do *desejo*. Não precisamos afastar-nos da ação, mas precisamos agir sem desejo, fazendo todos os esforços necessários, porém sendo "indiferentes" ao resultado. Esta é a familiar lição transmitida por Sri Krishna; esta é a essência de toda a verdade. É a renúncia ao desejo, não à ação, que faz o verdadeiro *sannyasi*, o renunciador, um verdadeiro iogue – e não simplesmente alguém que renuncia exteriormente ao usar roupas amarelas e cinzas, mas alguém que rompeu todos os laços do desejo. As pessoas de ação que tudo realizam por constituir seu dever e que permanecem indiferentes aos frutos daí resultantes, estas pessoas no mundo são os servidores de Deus. Realizam todas as ações, não pelo que elas podem trazer-lhes, mas porque preenchem algo que está faltando no mundo.

Sábios assim compreendem que a roda da vida deve girar e eles ali participam, não pelo que poderão receber, mas a fim de que a Vida Divina possa mover-se em seu curso. Desempenham a sua parte ao trabalharem sem apego, sem desejo, e fazem girar a roda, não importando se isto lhes traz prazer ou dor, exultação ou acusação, fama ou ignomínia, conhecimento divino ou ignorância. Percebem apenas que é seu dever cooperar com Deus enquanto persiste a manifestação. Portanto, identificam-se com Deus, de quem se origina o movimento da roda.

Tal pessoa será então *una* com Sri Krishna, o qual declarou que nada tinha a obter no Céu ou na Terra, mas que, se parasse de agir, tudo cessaria. Portanto, os devotos, que agem não para obter alguma coisa, mas para que o propósito divino possa ser cumprido, trabalham através do sacrifício. Oferecem todas as ações como sacrifício a Deus e permanecem indiferentes aos frutos do sacrifício, pois os frutos estão aos pés de Deus e não no coração do devoto.

Esses iogues não geram *karma*, porque não têm desejos; não criam laços que os prendem à Terra. São espiritualmente livres, embora ações possam surgir ao seu redor por todos os lados. Assim sucede quando se nasce na esfera do conhecimento; assim sucede quando se nasce na esfera da devoção. A vida de tal pessoa é como um altar, e, queimando neste altar, está a chama da devoção e do conhecimento. Toda a ação é lançada e consumida no fogo, elevando-se como a fumaça do sacrifício e deixando para trás, no altar, nada senão o incentivo ao conhecimento e o fogo do amor. Esses são, então, os pontos, imperfeitamente esboçados porque o assunto é muito vasto, nos quais vocês podem estudar o problema antigo. Essas pistas podem esclarecer melhor a razão por que a dor e a imperfeição existem. Vimos que o mal origina-se na limitação. Verificamos que o mal é apenas algo relativo, e que aquilo que denominamos "mal" costuma apenas ser um véu que encobre um bem futuro. Vimos como algumas ações desenvolvidas por seres humanos passam a ser más, embora em um organismo inferior não o fossem de modo algum; como, à medida que prosseguimos na marcha ascendente, podemos usar o mal para o nosso próprio aperfeiçoamento; como tentamos escapar da dor e perseguir o prazer; como o desejo permanece em nossos corações e nos traz de volta à Terra; e avançamos, purificando o desejo, identificando-nos com o Ator Divino no Universo. Vimos que, então, nenhuma ação constritora terá força sobre nós. Tornamo-nos livres do mal e de todos aqueles liames que prendem as nossas almas, até que, afinal, nos tornamos um altar, a partir do qual a fumaça do sacrifício se eleva continuamente ao Eterno.

Esta é realmente a única vida digna de ser vivida, a estrada ao longo da qual reina a paz. Ela é apenas compreendida pelo verdadeiro iogue. Comparem esta vida com aquela de alguém que se apega ao mundo, repleto de insatisfação e descontentamento. Olhem para os homens e mulheres ao seu redor. Olhem os seus rostos. Vejam como estão repletos de ansiedades e desejos, de problemas e injustiças. Vejam como seus corações são pisoteados pela dor e como estão desolados por catástrofes, por misérias, esperanças e temores, como jogam-se de um lado a outro e com demasiada frequência arruínam-se.

Compreendam depois que *Brahman* significa bem-aventurança. Como? Bem-aventurança porque há unidade, ausência de desejo, bem-aventurança porque há conhecimento de permanência que nada transitório pode perturbar. Assim também a alma humana desesperada encontrará esperança e paz, desde que esteja centralizada em *Brahman*. Quem pode negar esperança e paz à alma que conhece a sua origem, que encontrou o Eu? Tu és *Brahman*. Nada há que possa abalar esta realidade, nada que possa desfazê-la ou mudá-la. Está indissoluvelmente fixada no imutável, na Verdade Eterna. Nada de terreno existe em sua essência para que possa vir a desaparecer.

O corpo não é a alma. A enfermidade pode afetar o corpo, acidentes podem feri-lo, e a morte, destruí-lo. Mas a alma permanece inalterada. Vocês poderão destruir a mente inferior, mas não há perda real; circunstâncias individuais podem ser alteradas, mas o "Eu" é imutável. A separação entre corpos poderá advir, porém a unidade interior permanece intocada. Qualquer mudança externa não poderá levar tal alma à miséria ou ao desespero. Ela descansa como uma rocha em meio às ondas que a acometem. As ondas de infortúnio revolvem ao seu redor; poderão lançar-se contra ela apenas para serem feitas em espuma, formando círculos brancos ao seu redor, tornando-a assim mais bela.

Assim sucede com a alma que se identifica com o Uno. Assim ocorre com a alma que, pelo conhecimento e pela devoção, removeu tudo que é evanescente e firmou-se no que é divino. Este é o objetivo, um objetivo que pode ser alcançado por todos através do uso do mal no Universo.

12

A BUSCA POR DEUS

Durante eras a humanidade formulou teorias sobre Deus, variando do fetiche nas culturas tribais ao sonho mais sublime do místico e à concepção mais profunda do filósofo. Omitindo o fetichismo, podemos classificar as teorias de interesse vivo sob o monoteísmo e o panteísmo, incluindo no primeiro o teísmo da religião moderna e, sob o último, o politeísmo das grandes religiões orientais.

No Ocidente, grande parte das pessoas mais inteligentes e altamente educadas - repelidas pelo teísmo superficial e pelas teorias ininteligíveis da existência divina apresentadas pelo Cristianismo popular - refugiaram-se no agnosticismo, uma confissão de desespero intelectual. Percebendo que o conhecimento sobre Deus é inatingível, que nenhuma formulação abrangente é escrita sobre cada um dos caminhos pelos quais a humanidade busca Deus, essas pessoas - autênticas e sinceras, perspicazes e ternas - preferiram a modéstia do silêncio à insolência da descrença. Escolheram a inanição do coração à asfixia do intelecto, consolando-se com os fatos inegáveis deste mundo ao invés daquilo que consideravam como teorias fantasiosas não verificáveis sobre um outro mundo. Mas os anseios inegáveis do coração humano pelo conhecimento de Deus, mais cedo ou mais tarde, derrubarão qualquer construção de agnosticismo que o intelecto possa erigir. O agnosticismo jamais pode ser algo além do refúgio temporário do intelecto cansado, onde ele pode reunir força e coragem para começar em outro estágio da busca eterna.

Conceitos Cristãos de Deus

Os conceitos cristãos populares sobre Deus são dominados pelas ideias herdadas do Hebraísmo exotérico, pelo antropomorfismo grosseiro de suas escrituras publicadas. O Jeová, ou Yahveh, dos hebreus, é imaginado como "homem de guerra" com paixões humanas e poderes super-humanos, caminhando no jardim, descendo do céu para olhar para uma torre, descendo uma montanha para proclamar a sua lei, exigindo a imolação de inumeráveis animais, em sacrifício, declarando-se ciumento, furioso, vingativo e recordando-se de ofensas durante gerações sucessivas. Esta deidade de uma raça não desenvolvida contribuiu muito para a formação da ideia de Deus nas massas não educadas da Cristandade.

O contato dos hebreus com o pensamento caldeu acrescentou dignidade e grandeza à sua ideia de Deus, e os seus escritos pós-babilônicos mostram a visão mais nobre do Ser Divino. O Deus dos profetas, como o do posterior Isaías e Miquéias, é uma concepção profunda e inspiradora, um Poder que contribui para a retidão.

Este pensamento reformado sobre Deus foi suavizado no ideal de um homem perfeito, de grandeza super-humana, o Pai e Amante da humanidade, nos posteriores ensinamentos rabínicos e nas escrituras judaico-cristãs. As limitações foram removidas enquanto a humanidade ideal permaneceu; o poder permaneceu sem crueldade e a justiça, sem severidade. Porém na Teologia Cristã, como a encontramos em Tertuliano e, de forma menos evidente, em outros Papas da Igreja, a selvageria dos hebreus antigos reaparece e os traços graciosos do "Pai" desvanecem-se sob a máscara férrea de Jeová, novamente o Deus vingativo, destruindo seus inimigos em oceanos de fogo.

Não obstante, permaneceu a concepção mais nobre como estímulo e inspiração, focalizando-se gradualmente na pessoa do Filho, o homem divino, supremo em ternura e compaixão. Da agitação dos séculos IV, V e VI, muito surgiu para a satisfação do coração, porém não o suficiente para contentar o intelecto. A concepção de Deus permaneceu vaga, imprecisa e algo apavorante, ao passo que o objeto apresentado para adoração, no qual vertia todo o amor, era o Filho, autossacrificado, redentor, entregando poder à comiseração – uma figura que atraiu todos os corações e satisfez todas as aspirações, o homem divino o suficiente para ser adorado, o Deus humano o bastante para ser amado.

Teísmo

No que poderíamos denominar teísmo moderno, o qual surgiu da Escola Unitária do Cristianismo, um imenso Deus super-humano e pessoal é considerado ao mesmo tempo como o Pai de espíritos e a Vida autoexistente e oniabarcante, tudo abrangendo e tudo permeando, além da qual nada existe. Ele é ao mesmo tempo o "Uno sem par" e o amante e amigo pessoal da humanidade. Se todas as características mais severas fossem eliminadas do Deus de Maomé, e a ira feroz fosse substituída por uma compaixão incomensurável, então, pela unidade e personalidade do Supremo, o teísmo e o Islamismo poderiam andar lado a lado.

Theodore Parker, ministro unitarista e líder do movimento transcendental, disse: "a forma da existência finita do homem é por necessidade receptiva: da existência infinita de Deus, a qual é por necessidade doadora. Você não pode conceber qualquer objeto finito existindo sem Deus, sua base infinita; e tampouco Deus existindo sem algo. Deus é a condição lógica necessária de um mundo, sua causa inevitável; um mundo, a condição lógica necessária de Deus, Sua consequência inevitável... É a ideia de Deus como ser absoluto e infinito – perfeitamente poderoso, sábio, justo, terno e sagrado – sem limitação... Ele existe aqui coextensivo a todo o espaço, contemporâneo com a totalidade do tempo." (*Ten Sermons on Religion*, pp. 338, 339, 341).

"A alma contempla a Deus como um ser que une todas estas diferentes formas de ação como se expressam na verdade, no direito, no amor. Ela o apreende não apenas como verdade absoluta, direito absoluto e amor absoluto, mas com todos eles unificados em um ser completo e perfeito, o Deus Infinito. Ele é o objeto absoluto da alma e corresponde, portanto, com verdade para a mente, justiça para a consciência e amor para o coração." (*Ibid*, p. 9).

Ciência e Religião

À medida que o intelecto se desenvolveu e o conhecimento aumentou, a ciência começou a solapar a teoria popular sobre Deus e descobrir inconsistências no pensamento sublime. O Universo ampliou-se com a abertura de profundidades incomensuráveis de espaço. Captamos vislumbres de sóis distantes que reduzem o nosso próprio à vaga luminosidade; uma infinidade assoberbante de sistemas inumeráveis; a poeira prateada distante foi descoberta como sendo galáxias de estrelas – cada estrela um sol; débeis luminosidades revelaram ser hordas incontáveis de astros no limiar de novos campos de existência. As profundezas inexploradas de seres vivos apareciam em proporções cada vez menores, demasiadamente reduzidas para serem perscrutadas; por outro lado, foram descobertos espaços infindáveis, demasiado amplos para serem medidos. Diante de todas estas visões, o cérebro hesitou, entontecido e confuso, subvertendo o ídolo de um Deus extracósmico. O vazio soou no vazio, olhares atônitos voltavam-se uns para os outros em pesarosa expressão, "filhos, não tendes Pai."

Mas quando o intelecto viu-se pressionado sob as imensidões, a alma elevou-se de forma audaz, arremessando no vazio aparente sua fé inabalável na Vida de onde se originou – para descobrir o pleno no vazio, a Deidade imanente em todo o espaço "vazio".

Panteísmo

Então o panteísmo revelou as suas fascinantes belezas. O Deus intercósmico passou a brilhar, dispersando todas as nuvens de dúvida e temor, transformando em jardins de delícia as anteriores areias do deserto. Se tivesse surgido em sua roupagem nativa, teria conquistado a todos. Mas para a Europa intelectual, o mais reconhecido expoente desta teoria foi Spinoza. Enquanto o seu pensamento forte fascinava e atraía a inteligência, apresentado – como ocorreu frequentemente pelos opositores sem a ética nele baseada, deixou o espírito faminto e o coração frio. Espalhou-se a ideia de que o panteísmo era uma filosofia fria e rígida, que o seu Deus era inconsciente, inacessível - o "Pai" havia desaparecido. "Deus é um ser absolutamente infinito; uma substância que consiste de atributos infinitos, cada qual expressando Sua essência eterna e infinita" (*Ethics*, Livro I, Definição 6).

Desses atributos conhecemos apenas dois, a extensão e a mente, ou vontade. Um resumo da visão de Spinoza é que Deus "não é um ser pessoal, existindo separado do Universo; mas é Ele próprio, em Sua própria realidade. Ele é expresso no Universo que é sua roupagem viva" (Firoude, *Short Studies*, p. 360). Todas as coisas existem como Ele desejou que existissem; o mal não é positivo; existe uma "gradação infinita nos seres criados", "todos obedientes à sua maneira".

Dois pontos em Spinoza repeliram as emoções: a sua análise firme, lógica e destrutiva, a calma aceitação dos seus resultados, e sua teoria do necessitarismo. Este último foi considerado fatal à moral e a primeira, à devoção. Contudo, Spinoza estava tão distante de ser incapaz de ardente devoção que foi descrito por seus inimigos como um "homem intoxicado por Deus", e a sua virtude sublime, serena, e a calma aquiescência na Lei da Vida, como ele a viu, foram em si evidências da essência mais refinada de sua alma.

O pensamento Ocidental oscila entre o panteísmo e um teísmo mais ou menos coerente; em dado momento os pensadores são levados a aceitar a substância Una, infinita, autoexistente, impessoal, onipenetrante, e as suas emoções são desalentadas e paralisadas. Em outro momento, expandem-se em amor e devoção a um pai tocado conscientemente e encontram-se bloqueados pelas contradições lógicas em que se veem envolvidos. A compulsão do intelecto e os anseios do coração surgem contundentes no poeta que tão frequentemente expressou a mentalidade intranquila de sua época:

O céu, a lua, as estrelas, os mares, as montanhas e as planícies
Não será esta, Oh Alma, a Visão Daquele que reina?...
A Terra, essas sólidas estrelas, o peso do corpo,
pernas, braços e mãos.
Não serão sinal e símbolo de que és Nele divisão?
O mundo é escuro para ti: o motivo desta visão é teu;
Pois não é Ele tudo senão tu mesmo, que tens poder de sentir o "eu sou eu"...?
Fala com Ele, pois Ele ouve, e Espírito com Espírito vão se encontrar;
Mais próximo do que pés e mãos, Ele está próximo do teu respirar.

(Tennyson, *Works*, p. 277. Kegan Paul & Co.)

Em todas as formas ocidentais de panteísmo há uma falta em comum - a falta da grande escada de seres que se estende desde o grão de poeira até o espírito mais sublime. Tudo aparentemente termina com a humanidade e vislumbra nela a expressão mais elevada de Deus, enquanto que os seres humanos, sentindo a sua própria pequenez na imensidade do Universo permeado por Deus, estendem mãos tateantes para encontrar irmãos mais velhos, o resultado da evolução de eternidades passadas em outros reinos do espaço.

Em nada haverá tal, se um passado incomensurável não trouxesse como fruto seres poderosos muito acima da nossa pequenez, assim como estamos acima do cisco nos raios de Sol; não seriam todos os Universos um processo de fluir e refluir do oceano, no qual nada mais somos senão uma bolha na espuma da onda que quebra? Vemo-nos em uma distância mensurável de nosso fim; pois por que razão deveria o nosso mundo produzir uma colheita para a eternidade quando outros mundos semelhantes submergiram no passado sem frutos remanescentes? O fracasso dos Universos mortos em produzirem vidas que permaneçam, exteriorizando poderes sublimes, parece profetizar para a humanidade uma evolução igualmente limitada, pressagiando o nosso fim próximo. Desalentados pelas frias névoas da aniquilação, recolhemo-nos às regiões mais cálidas da fé e preferimos submetermo-nos a qualquer ultraje à razão, do que sufocarmos a sempre recorrente convicção: "Nem tudo em mim morrerá."

Seres Divinos

O panteísmo oriental vem em nosso socorro, satisfazendo tanto a mente quanto o coração. É intelectualmente tão impregnável como Spinoza, porém soluciona os problemas da vida como nenhum filósofo pode fazê-lo, reduzindo seres inteligentes aos meandros estreitos dos seres humanos e dos reinos inferiores da Natureza.

Outros mundos que desapareceram deixaram atrás de si vidas que evoluíram com o seu auxílio; seres superiores aos humanos, inteligências mais profundas, mais amplas e sublimes, habitam os reinos do espaço, ascendendo a grandezas inimagináveis. Anjos de mundos, deuses de sistemas incontáveis, elevam-se cada vez mais alto com a consciência expandida para abranger áreas mais vastas. Oferecem inumeráveis objetos para adoração, estendem mãos amorosas para ajudar; são Pais e Mães dos sistemas que giram no espaço. Proporcionam tudo que o coração pode almejar, tudo que a aspiração pode atingir, e tudo que a razão pode exigir. A Vida Una efunde-se através de cada um deles; em cada um expressa-se alguma maravilha da glória de outra forma ininteligível. Revelam parte Daquilo que ultrapassa a nossa compreensão da totalidade. Alguns são tão poderosos e grandiosos que sustentam um Universo; alguns são individualmente tão amorosos e suaves que uma criança, sem temor, poderia aconchegar-se em seu peito.

No panteísmo oriental, a Vida Una e as muitas Deidades são distinguidas no pensamento, enquanto que a unidade fundamental nunca é abandonada. Elas nada são senão os raios do Uno, canais Dele, centros manifestos de consciência, cada qual em sua própria medida. "Ele verdadeiramente representa todos os Deuses." "Chamam-no *Indra, Mittra, Varuna e Agni*." "Aquele que é *Brahma*, que é *Indra* e *Prajapati*, são todos esses Deuses." (*Brihadaranyakopanishad*, Comentário sobre o Quarto *Brahmana*, cap. I.)

Os deuses de fato vivem como inteligências separadas, porém não dificultam a divina unidade mais do que o faz a existência de seres humanos como inteligências separadas. Para a filosofia panteísta, o politeísmo acrescenta o elemento religioso necessário à evolução espiritual. Contudo, deuses e humanos, bem como outras partes do Universo, vivem e movem-se e têm a sua existência no Uno. Este é o Uno sem par, incognoscível, infinito e Causa da Existência sem causa. "Está além da esfera e do alcance do pensamento – nas palavras do *Mandukya*, '1impensável e inexprimível'" (H. P. Blavatsky, *A Doutrina Secreta*, I, p. 81). Como sal na água, como manteiga no leite, a Vida Una está em tudo, invisível aos olhos, porém imanente em tudo.

O símbolo Daquilo para a nossa inteligência condicionada é a Suprema Trindade, *Brahman* em seu aspecto trino, Deus em manifestação, o ponto mais elevado ao qual pode elevar-se o nosso pensamento. Ele é o Eu Uno e vela-se sob inúmeras formas, entre as quais os "Sete Espíritos" ocupam o lugar mais sublime. Abaixo deles há muitos Seres divinos agrupados em grupos de três e sete, de acordo com as suas funções em qualquer dado departamento do Cosmo. São também mencionados em muitos outros agrupamentos familiares às escrituras do mundo, porém podem ser expressos nas mesmas unidades complexas fundamentais.[16] Um grupo de três e um de sete compõem os regentes, assim parece, em muitos sistemas do nosso Cosmo.

---

16 Assim, no grupo de sete, o um é colocado no centro e seis ao seu redor; uma vez dobrado, os centros coincidem, proporcionando doze ao redor do um; portanto, todos múltiplos de doze. Novamente, os três, considerados como um centro com os sete ao seu redor, produzem dez, a década (o nosso sistema aprimorado no seu término), e deste conjunto surgem múltiplos de dez. Ou, quando estes três centrais são considerados como uma unidade, o oito representa o um e o sete, e múltiplos de oito, surgirão como resultado. Outros agrupamentos aparecem quando cada um destes conjuntos de três, seis ou sete é tomado como duplo, positivo-negativo, masculino-feminino etc. Mas esse sistema numérico em todas as suas ramificações é demasiado extenso para ser aqui abordado.

Abaixo desses existem vastas hierarquias de inteligências graduadas que guiam a ordem cósmica, supervisionando seus diferentes departamentos, deuses dos sete grandes elementos, cujas permutas e combinações formam o lado material da Natureza. As três *gunas* (qualidades) e os sete *tattvas* (elementos) compõem o lado material como os três *Logoi*, e os sete Espíritos compõem o lado da vida ou da energia.

O *Logos*

Quando pensamos no *Logos* como o Eu de tudo, pensamos nele como Um, como o Senhor do mundo e dos seres humanos. O *Logos* mais alto, assim ouvimos dizer, galgou a escada da Existência, até que pôde manter o seu centro de consciência, ele mesmo em movimento e plenamente consciente por entre as poderosas vibrações da Grande Vida. Manifestando-se, limita-se para ser o canal daquela Vida Una para um Universo.

O *Logos* foi humano em um passado incalculável e elevou-se através de cada fase de existência super-humana ao nível mais elevado de existência condicionada. Ele pode, portanto, condicionar-se em qualquer ponto de tal existência. Quando, por alguma finalidade sublime, ele adquire a condição humana e nasce em um de seus mundos, então o chamamos de Avatar, um homem-Deus. Ele vive novamente como um humano em algum globo, porém a glória da divindade brilha através dele e ele é Emmanuel, Deus-conosco.

A um Ser desta natureza, e a toda inteligência espiritual, os seres de todas as gradações de intelecto e coração podem voltar-se em adoração, em amor, em fé. A todos esses Seres, nós, humanos, podemos pedir auxílio, conselho ou orientação. O cérebro não treinado não pode assimilar a ampla ideia de um Deus intracósmico, oniabrangente e todo-sustentador. O conceito desnorteia o intelecto e abate o coração. Porém, sem amor, fé e adoração, a natureza espiritual não pode despertar, não pode desenvolver-se. Não é o objeto da adoração, porém a atitude daquele que adora que faz surgirem as emoções que estimulam o crescimento espiritual. Deus é a vida de cada objeto e Ele que é adorado em cada um, não a forma exterior, o seu véu. Ele é o encanto todo-atrativo, o poder todo-fascinante e enquanto a mente e o coração daquele que adora se expandem e se elevam, forma após forma desprende-se Dele; cada forma sucessiva expressando mais a sua ternura radiante até que Ele se encontra como Senhor manifesto de tudo, e o devoto que a Ele se uniu passa a unir-se com o Supremo.

Com as nossas atuais limitações, cada concepção de Deus que formamos é limitada, inadequada e até mesmo grotesca em sua imperfeição. Podemos bem tentar, na reverência mais delicada, aperfeiçoar e purificar concepções inferiores e mais grosseiras do que as nossas próprias, reconhecendo que também as nossas devem ser igualmente imperfeitas e inferiores à visão daqueles que estão além de nós, por mais inspiradoras que possam afigurar-se para nós em nosso estágio menos desenvolvido. Adoremos do modo mais elevado que pudermos sonhar em nossos momentos mais puros e esforcemo-nos para viver a beleza que adoramos. A adoração e a vida revelam o Deus acima de nós, porque despertam os poderes de Deus dentro de nós. Nós nos transformamos naquilo que adoramos e amamos. Quando os dois tornam-se Um no *Nirvāna*, a busca terá cessado, a centelha terá se transformado na Chama.

13

DISCIPULADO

Muito tem sido dito e escrito sobre as qualificações para o discipulado como estão expostas nas escrituras orientais. São ali apresentadas conforme o ideal de acordo com o qual os aspirantes deveriam tentar moldar as suas vidas e buscam auxiliar os candidatos ao discipulado, apontando na direção em que deveriam fazer convergir os seus esforços. Hindus e budistas, a quem as qualificações foram dadas, sempre as consideraram desta maneira e os aspirantes consideraram-nas como guias na autocultura, da mesma maneira como alunos podem esforçar-se por copiar, da melhor forma possível, a estátua perfeita montada em uma sala de aula para efeito de estudo.

À medida que estas qualificações passaram a ser conhecidas no mundo ocidental através da literatura teosófica, têm sido usadas em um espírito algo diferente, como base para a crítica de outros e não como regras para autoeducação. Diz-se que algumas pessoas "usaram o pão da vida como pedras para serem lançadas sobre os seus inimigos". O espírito que assim utiliza a informação não é incomum entre nós. Pode ser questionável se aqueles que difundiram pelo mundo grande volume de informação a qual, certa feita, tinha sido guardada em segredo, não teriam certas dúvidas ocasionais quanto à sabedoria de extravasar ensinamentos que se prestassem a tanto mau uso.

A nossa grande instrutora, H. P. Blavatsky, sofreu muito nas mãos daqueles que usam as qualificações para o discipulado como mísseis de ataque, ao invés de boias para marcar a passagem de canal. Perguntou-se por que uma pessoa que fumava, que perdia a paciência e não possuía autocontrole, deveria ter sido discípula, ao passo que (e isto foi colocado de forma implícita) muitas pessoas, eminentemente respeitáveis, com todas as virtudes familiares, jamais afrontando os costumes verdadeiros e modelos de bom comportamento, não foram consideradas dignas daquele título. Pode não ser inútil tentar resolver estes quebra-cabeças.

Aqueles que leram cuidadosamente as cartas daqueles a quem chamamos de Mestres[17], às vezes devem ter se surpreendido com as opiniões externadas pelos Mestres, visto que encaram as pessoas e os objetos de forma tão diferente das apreciações comuns no mundo. Para muitos pontos que nos parecem importantes, eles olham com total indiferença e enfatizam pontos aos quais não atribuímos qualquer relevância. As suas surpreendentes avaliações ensinam lições aos leitores para terem cautela na elaboração de opiniões sobre outros, fazendo-nos compreender a sabedoria do instrutor que disse: "Não julgueis, para não serdes julgados". Um julgamento que não está baseado em todos os fatos, que não inclui o conhecimento das causas das quais se originaram as ações, que se firma em aparências superficiais e não nos motivos subjacentes, é realmente um julgamento destituído de valor, que condena o juiz ao invés da vítima, aos olhos daqueles que julgam com conhecimento. Isto é especialmente verdadeiro com relação aos juízos feitos sobre H. P. Blavatsky. Poderá ser interessante considerar o que se pretende dizer com as palavras "discípulo" e "iniciado" e por que ela deveria ter tido a posição de discípula e de iniciada, apesar das críticas de que foi alvo.

A Definição do Discipulado

Definamos os nossos termos. "Discípulo" é o nome dado nas escolas ocultas àqueles que, encontrando-se na senda da provação, são reconhecidos por algum Mestre como estando a ele ligados. O termo exprime um fato, não um particular estágio ou nível moral, e tampouco traz consigo uma eventual implicação atinente a mais alta posição moral. Isto exterioriza-se acentuadamente na história

17 *The Mahatma Letters to A. P. Sinnett*, compilada por A. T. Barker. Adyar, Madras, Índia: Theosophical Publishing House (1923) 1979. (Nota do Original). [*Cartas dos Mahatmas para A. P. Sinnett*, Volumes I e II, Brasília: Editora Teosófica, 2021 e 2017. (Nota Ed. Bras.)]

tradicional de Jesus e seus discípulos: eles discutiam entre si sobre questões de precedência; fugiam quando seu Mestre era atacado; um deles o negou sob juramento e mais tarde mostrou muita duplicidade.

A verdade é que o discipulado implica um vínculo passado entre o Mestre e o discípulo. Um Mestre pode reconhecer aquele laço, proveniente de um relacionamento passado, com alguém que ainda tem muito a realizar. O discípulo pode ter muitas faltas graves de caráter e, embora esteja voltado na direção da Luz, pode não ter, de modo algum, esgotado todo o *karma* pesado do passado. Os discípulos podem estar enfrentando muitas dificuldades, disputando muitas batalhas com as hostes do passado voltadas contra eles. A palavra "discípulo" não implica necessariamente iniciação ou um estado de santidade; exprime, apenas, uma posição e um vínculo – indica que a pessoa está na senda probatória e é reconhecida por um Mestre como sua seguidora.

Entre as pessoas que ocupam esta posição no mundo contemporâneo encontram-se muitos tipos. Será bom recordarmos a lei segundo a qual somos aquilo que desejamos e pensamos e não o que fazemos. O que desejamos e pensamos molda o nosso futuro; o que fazemos é o resultado de nosso passado. As ações são a parte menos importante na vida de uma pessoa, a partir do ponto de vista oculto – uma doutrina difícil para muitos, porém verdadeira.

Certamente há um *karma* vinculado à ação. Os maus desejos e pensamentos do passado, que se tornam manifestos em um ato nefasto no presente, tiveram seu fruto na configuração de tendências e do caráter. O próprio ato é expiado no sofrimento e no descrédito que acarreta; o *karma* remanescente da ação expande-se a partir de seus efeitos sobre os outros e isto reage, posteriormente, em circunstâncias desfavoráveis.

A ação, na acepção ampla da palavra, é composta de desejo, pensamento e atividade; o desejo gera o pensamento; o pensamento gera a atividade. A atividade não se gera direta senão indiretamente. Portanto, os desejos e pensamentos constituem os elementos mais vitais na elaboração de um julgamento sobre determinada pessoa.

Aquilo que desejamos, que pensamos, aquilo nós somos; aquilo que fazemos constitui o que fomos.

Ocorre que as pessoas com pesado *karma* passado podem – caso se tomem discípulos – apressar a manifestação daquele *karma*. Os seus frutos no mundo exterior podem ser ações que não trazem crédito aos olhos deste mundo. Do ponto de vista oculto, tais pessoas devem ser ajudadas o máximo possível, a fim de que sejam capazes de atravessar a terrível tensão, o que significa triunfo se conseguirem resistir com valentia, e fracasso se sucumbirem.

Além disso, ao fazermos julgamentos acertados sobre as ações de alguma pessoa, precisamos não apenas conhecer o passado do ator, onde se encontram as raízes das ações, mas precisamos conhecer seu passado imediato, o qual imediatamente precedeu a ação. Às vezes comete-se uma ação errada somente após uma luta desesperada, na qual a pessoa aplicou toda a sua energia na resistência. Somente após a completa exaustão é que a ação foi de fato realizada. Do lado de fora vemos o fracasso, não a luta. Mas o lutador lucrou com os esforços que precederam o fracasso e está mais forte, mais enobrecido, e melhor por isto. Tal pessoa desenvolveu o potencial que a possibilitará vencer as dificuldades quando voltarem a surgir à sua frente – talvez até mesmo sem esforço. Aos olhos daqueles que veem o todo e não apenas um fragmento, a pessoa que foi condenada como tendo caído, na verdade elevou-se, pois conquistou, como fruto do combate, a força que assegura a vitória.

Tais discípulos encontram-se na senda probatória; são candidatos à iniciação. Enquadram-se em condições diferentes daquelas que envolvem as pessoas no mundo externo. São reconhecidos como estando comprometidos ao serviço da Luz e, portanto, também reconhecidos como opositores às forças da escuridão. As suas alegrias serão mais agudas, os seus sofrimentos mais dolorosos do que o normal. Invocaram o fogo dos céus; isto lhes fará bem, desde que não se afastem de seu intenso calor. Será também bom para eles se, como ocorre com o índio americano no poste de tortura, puderem olhar para um mundo não solidário com a face serena, por mais dilacerante o modo com que o fogo possa arder.

Qualificações para a Iniciação

E o que dizer com relação às famosas qualificações para a iniciação que os discípulos agora precisam procurar para a sua própria? Elas não são solicitadas em forma perfeita, mas algumas delas precisam estar presentes antes que o portal possa abrir-se para a admissão. No julgamento realizado sobre os discípulos, o qual abre ou fecha o portal, a pessoa é considerada como um todo. Com algumas pessoas, outras qualidades são tão desenvolvidas que apenas uma pequena parcela dos requisitos especialmente exigidos favorece a escolha dos discípulos. Com outras, geralmente a média, exige-se elevado desenvolvimento dos requisitos especiais.

Olha-se, por assim dizer, para o desenvolvimento geral da pessoa, e esse desenvolvimento é constituído de muitas formas. Um candidato poderá ter grande inteligência, excepcional coragem, raro espírito de autossacrifício e pureza imaculada, mas pode faltar-lhe algo nas qualificações especiais, embora uma parcela delas tenha que estar presente. Se não percebesse a diferença entre o real e o irreal, se houvesse um vínculo apaixonado às alegrias do mundo, se não houvesse controle sobre a palavra ou pensamento, se não houvesse persistência, fé, liberalidade, desejo por liberdade, então a pessoa não poderia ingressar. A complementação das qualidades poderá ser deixada para o outro lado do portal, desde que sejam percebidos seus indícios. Mas o iniciado terá de preencher todos os requisitos e quanto mais estiver faltando, tanto maior o trabalho ainda a ser realizado.

Será bom não minimizar a urgência da necessidade, porque estas qualidades precisam ser alcançadas em alguma ocasião, e tanto melhor quanto mais rapidamente. Cada fraqueza que permanece no discípulo iniciado que ingressou na senda cria um ponto de vantagem para os poderes negros que estão sempre procurando fissuras na armadura dos campeões da Luz. Nenhum grau de seriedade será demasiado para instar os discípulos não iniciados a adquirirem estas qualidades; nenhum esforço será demasiado, de sua parte, para adquiri-las, pois há uma parcela de patético no caso de uma alma-

-heroína que "tomou o reino dos céus pela tempestade" e depois dedicou toda uma vida para construir perfeições menores que no passado negligenciara adquirir.

Embora os moinhos de Deus moam devagar,
Ainda assim moem muito bem,
Embora com paciência esteja ali a aguardar,
É com precisão que a moagem de tudo Ele tem.

O iniciado sublime que deixou incompletos alguns aspectos menores da perfeição humana deverá nascer no mundo para ter uma vida em que estes também venham a ser aperfeiçoados. Se vocês tiverem oportunidade de encontrar uma pessoa assim, seria bom que dela procurassem aprender o melhor ao invés de usar o pior como desculpa para suas próprias falhas, tentando assim justificar os seus próprios erros, porque os compartilham com um iniciado.

H. P. Blavatsky

Isto é proeminentemente verdadeiro com relação às críticas lançadas contra H. P. Blavatsky. "Ela fumava". Mas fumar não é um pecado contra o Espírito Santo. Usar este ato para depreciar uma grande instrutora é um crime muito pior do que fumar.

"Ela tinha mau temperamento." Assim também o tem grande número de seus críticos que não possuem uma milésima parte sequer das desculpas que ela muito bem poderia ter alegado. Poucos poderiam aguentar por uma semana o grande esforço sob o qual ela viveu ano após ano, com as forças negras agitando-se ao seu redor, tentando aniquilá-la, porque isto significaria reter o grande movimento espiritual que ela liderava. Na posição em que lhe pediram que permanecesse, a tensão e o esforço nervoso foram tão grandes, os dardos cruéis da crítica e da descortesia foram tão pungentes pela sutil ação dos Irmãos das Sombras, que, às vezes, parecia-lhe melhor aliviar o corpo através de uma explosão. Às vezes ela permitia que os nervos extremamente tensos se exprimissem em irritabilidade, ao invés de manter o corpo em rígida sujeição, deixando que cedesse à tensão. Enfrentando todas as situações adversas, cabia-lhe viver com os nervos extremamente tensos e o cérebro extenuado, até que chegasse a hora de sua libertação. É errado criticar tal pessoa que sofreu a fim de que nós pudéssemos ser beneficiados.

"Faltava-lhe autocontrole." Externamente, por vezes, em consequência das razões acima expostas, porém jamais internamente. Ela jamais abalou-se por dentro, por mais tempestuoso que fosse o ambiente. Pode ser dito que tal assertiva poderia ser usada como uma desculpa para o gênio difícil das pessoas comuns. Deixem-nas ocupar a posição em que ela se encontrava, ou seja, tornarem-se pessoas incomuns, e depois poderão com justiça apresentar a mesma escusa.

H. P. Blavatsky foi um daqueles seres que são tão grandes, tão inestimáveis, que as suas qualidades sobrepujam milhares de vezes as imperfeições temporárias de sua natureza. A sua coragem destemida, a sua heroica fortaleza interior, a sua resistência para suportar as dores físicas e mentais, a sua devoção incomensurável ao Mestre a quem ela servia – estas esplêndidas qualidades, aliadas a grandes capacidades psíquicas e ao forte corpo, com nervos de aço, que ela lançou ao altar de sacrifício, reduziram todo o resto a cinzas na balança. O seu Mestre poderia muito bem regozijar-se com um guerreiro assim, mesmo que ela não estivesse isenta de toda a imperfeição. Para aqueles com pouca devoção e apenas reduzida tendência ao autossacrifício, poderá muito bem ser exigida uma manifestação acentuada das qualificações especiais para contrabalançar as deficiências.

Adoramos o Sol como uma estrela luminosa não devido a suas manchas. Na luz solar da figura heroica de H. P. Blavatsky não são as manchas que atraem o olhar da sabedoria. Mas estas manchas não elevam até o seu nível aqueles que são quase que só manchas, com reduzidos raios de luz. É tolo nesses dias de pequenas virtudes e vícios criticar duramente aqueles poucos grandes seres que podem surgir em nosso mundo.

Frequentemente, com Sta. Catarina de Siena, percebi que nutrir um amor intenso por alguém ao menos um pouco além de nós é um dos melhores métodos para nos prepararmos no treino para o amor sublime ao Eu Supremo que calcina todas as imperfeições como se fosse pelo fogo. A adoração de heróis pode ter os seus perigos, mas eles são menos perigosos e obstrutivos à vida espiritual do que as críticas frias dos virtuosos em seu próprio juízo, voltados sempre à depreciação dos outros. Compartilho da opinião de Giordano Bruno, o herói adorador, de que é melhor tentar muito e fracassar do que não tentar jamais.

14

PERFEIÇÃO HUMANA

Há um estágio na evolução humana que precede imediatamente o objetivo de todos os esforços humanos. Aqueles que atravessam este estágio nada mais têm a realizar como seres humanos. Tornaram-se perfeitos; sua carreira humana terminou.

As grandes religiões atribuem diferentes nomes a esses Seres Perfeitos, mas seja qual for o seu nome, a mesma ideia lhes é subjacente. Mithra, Osiris, Krishna, Buddha, Cristo - todos simbolizam um ser que se tornou perfeito. Esses grandes Seres não pertencem a apenas uma religião, uma nação ou família humana. Eles não estão sufocados pelos invólucros de uma única crença; em toda a parte eles são os seres mais nobres, constituindo o ideal mais perfeito. Todas as religiões os proclamam; todos os credos neles têm sua justificativa; tal é o ideal para o qual converge toda a crença. Toda a religião efetivamente cumpre a sua missão de acordo com a clareza com que ilumina e a precisão com que ensina o caminho para alcançar o ideal.

O nome do Cristo, usado para o Ser Perfeito em toda a cristandade, é o nome de um *estado*, mais do que o nome de um *homem*. "O Cristo em ti, a esperança da glória", é o ensinamento cristão. Ao longo do curso da evolução, todos nós alcançaremos o estado do Cristo, porque todos concluem no tempo a peregrinação dos séculos. Aquele com quem o nome está especialmente vinculado nos países ocidentais é um dos Filhos de Deus que atingiram o objetivo final da humanidade. A palavra "Cristo" sempre teve a conotação de um estado; significa "o ungido". Cada um de nós terá de alcançar aquele estado; "olha dentro de ti; tu és Buddha". "Até que o Cristo se forme em ti."

Da mesma maneira como aquela pessoa que deseja ser um artista na música deveria ouvir as obras-primas musicais, ficando submerso nas melodias dos mestres, assim também deveríamos elevar o nosso olhar e os nossos corações em contemplação das montanhas nas quais se encontram os Seres Perfeitos de nossa raça. O que nós somos, eles o foram; o que eles são, nós o seremos. Todos os filhos dos homens podem realizar o que um Filho do Homem realizou. Neles vislumbramos a promessa do nosso próprio triunfo, o desenvolvimento de uma divindade semelhante em nós que é apenas uma questão de evolução.

Às vezes tenho dividido a evolução interior em estágios submorais, morais e supermorais. No submoral, as distinções entre certo e errado não são vistas, e as pessoas seguem os seus desejos sem questionamentos ou escrúpulos. No moral, veem-se o certo e o errado, que passam a ser cada vez mais definidos e inclusivos, e procura-se a obediência à lei. No estágio supermoral, a lei externa é transcendida porque a natureza divina rege os seus veículos.

Na condição moral, a lei é reconhecida como uma barreira legítima, uma restrição salutar. "Faça isto, evite aquilo." Nós nos esforçamos para obedecer e há um combate constante entre as naturezas superior e inferior. No estado supermoral, a vida divina encontra a sua expressão natural sem uma direção exterior. Amamos, não porque deveríamos amar, mas porque somos Amor. Agimos, para citar as nobres palavras de um iniciado cristão, "não de acordo com as leis de um mandamento carnal, porém pelo poder de uma vida eterna". A moralidade é transcendida quando todos os nossos poderes voltam-se para o Bem, quando a agulha magnetizada aponta para o norte, quando a Divindade em nós procura o melhor para todos. Não há mais combate porque a vitória terá sido conquistada; o Cristo terá atingido o seu desenvolvimento perfeito apenas quando se tiver transformado no Cristo triunfante, mestre da vida e da morte.

A Primeira Iniciação

Existem quatro graus de desenvolvimento abrangidos pelo estágio do Cristo. Situam-se entre a pessoa profundamente boa e o Mestre triunfante. Tem-se acesso a cada um desses graus através de uma iniciação, e durante esses graus de evolução a consciência deverá expandir-se, crescer e atingir os limites possíveis dentro das restrições impostas pelo corpo humano.

O estado da vida do Cristo, a vida do Buddha, na qual se ingressa através da primeira das grandes iniciações, é aquele em que o iniciado é "a pequena criança", às vezes o "bebê", às vezes "a pequena criança de três anos de idade". É necessário "reconquistar o estado infantil que foi perdido", e "tornar-se uma criança pequena" a fim de "entrar no reino". Ao atravessar aquele portal, a pessoa nasce na vida do Cristo e, palmilhando o "caminho da Cruz", segue adiante através de portais sucessivos na Senda. No fim, esta pessoa estará definitivamente livre da vida das limitações, das restrições, e desaparecerá no tempo para viver na eternidade. O iniciado torna-se consciente de estar vivo, não sendo uma forma.

Não há dúvida de que nos primórdios do Cristianismo este estágio de evolução tenha sido efetivamente reconhecido como estando aberto a todo cristão. A preocupação expressa por São Paulo no sentido de que o Cristo pudesse nascer em seus prosélitos constitui suficiente prova desta realidade, e há passagens que poderiam ser citadas. Mesmo se esta passagem fosse única, seria suficiente para mostrar que, segundo o ideal cristão, o estágio do Cristo foi considerado como uma condição interior, o período final da evolução de cada crente. É bom que os cristãos reconheçam isto e não considerem a vida do discípulo, terminando em perfeição como algo exótico, plantado no solo ocidental, porém nativo apenas nas distantes terras orientais. Este ideal faz parte de todo o Cristianismo verdadeiro e espiritual, e o nascimento do Cristo em cada alma cristã é o objeto do ensinamento cristão. O próprio objetivo da religião é dar origem a este nascimento, e, se este ensinamento místico se afasta-se do Cristianismo, aquela fé não mais elevaria à Divindade aqueles que a praticam.

A primeira das grandes iniciações é o nascimento do Cristo, do Buddha, na consciência humana, a transcendência da consciência do eu e o despojamento das limitações. A mudança vivenciada é o despertar da consciência no mundo espiritual, no mundo onde a consciência se identifica com a vida e deixa de identificar-se com as formas nas quais a vida encontra-se no momento aprisionada. A característica desse despertar é uma sensação de repentina expansão e de ampliação para além dos limites habituais. Há o reconhecimento de um Eu, divino e pujante, que é Vida, e não forma, alegria e não tristeza. Surge a sensação de uma paz maravilhosa, ultrapassando tudo com que o mundo possa sonhar.

Com o despojamento repentino das limitações, exacerba-se a intensidade da vida, como se ela nos fluísse de todos os lados, alegrando-se com as barreiras que estão sendo removidas. A sensação de realidade é tão vívida que toda a vida em uma forma parece uma morte e toda luz terrena parece escuridão. Verifica-se uma expansão tão maravilhosa que a consciência sente como se jamais tivesse conhecido a si própria antes, pois aquilo que foi considerado como consciência passa a ser inconsciência na presença desta vida profusa.

A autoconsciência começou a germinar na humanidade-criança e sempre cresceu, desenvolveu-se e expandiu-se dentro das limitações da forma, Imaginou ser separada, percebendo-se como "eu", falando em "mim" e "meu". Esta autoconsciência repentinamente percebe todos os eus como Eu, todas as formas como propriedade comum. Aqueles que isto vivenciam percebem que as limitações eram necessárias para construir um centro com a qualidade do "eu" no qual a autoidentidade pudesse persistir. Ao mesmo tempo, sentem que a forma nada é senão um instrumento para o seu uso, ao passo que a consciência viva é una com tudo que vive.

O iniciado conhece o significado pleno da expressão "a unidade da humanidade" e sente o que é viver em tudo o que vive e se move. Esta consciência é acompanhada por imensa alegria, aquela alegria de viver que até mesmo em seus reflexos mais vagos na Terra é um dos êxtases mais intensos conhecidos pela humanidade. A unidade não é apenas vista pelo intelecto, mas percebida como satisfazendo o desejo de união conhecido por todos aqueles que amaram. É uma unidade sentida a partir do interior, e não vista de fora. Não é uma concepção, porém uma vida. A história do nascimento do Cristo em nós tem sido contada desde a antiguidade. E ainda assim, as palavras criadas para o mundo das formas falham em espelhar o mundo da Vida.

A criança terá que desenvolver-se no adulto perfeito. Há muito a ser feito, muitos problemas a enfrentar e muitos sofrimentos a suportar, muitos combates terão de ser travados e muitos obstáculos vencidos antes de que o Cristo nascido na fragilidade da infância possa alcançar o desenvolvimento do Ser Perfeito. Existe a vida de trabalho entre os nossos companheiros; o enfrentamento do ridículo e da suspeita; o envio de uma mensagem desprezada; a agonia da deserção, a paixão da Cruz e a escuridão do túmulo. Tudo isto está diante do discípulo na Senda em que ingressou.

A Prática da Unidade

Através da prática contínua, os discípulos precisam aprender a assimilar a consciência dos outros. Precisam centralizar a sua própria consciência na Vida, não na forma, de maneira que possam ultrapassar a "heresia da separatividade", que faz com que considerem os outros como sendo diferentes deles próprios. Precisam expandir a sua consciência através da prática diária até que o seu estado normal seja aquele que vivenciaram temporariamente na primeira iniciação.

Com esta finalidade, esforçar-se-ão na vida diária para identificarem a sua consciência com a consciência daqueles com quem possam estabelecer contato, dia após dia. Esforçar-se-ão para sentir como os outros sentem, pensar como pensam, alegrarem-se como eles se alegram e sofrer como sofrem. Gradualmente, os discípulos deverão desenvolver uma solidariedade perfeita, uma solidariedade que possa vibrar em harmonia com todas as cordas da lira humana. Aos poucos terão de aprender a responder, como se fosse sua própria, a cada sensação dos outros, por mais inferior ou superior que ela seja. Passo a passo, através da prática constante, terão de identificar-se com outras pessoas em todas as circunstâncias variadas de suas diferentes vidas. Precisam aprender a lição da alegria e das lágrimas e isto é apenas possível quando se transcendeu o eu separado e quando não mais se pede o que quer que seja, mas se compreende que daqui em diante a vida terá de ser vivida somente pela própria vida.

O primeiro esforço agudo para os discípulos é pôr de lado tudo aquilo que até este ponto para eles pareceu ser vida, consciência, realidade e caminhar para frente sozinhos, desnudados, não mais identificando-se com qualquer forma. Precisam aprender a lei da vida somente através da qual a Divindade interior pode manifestar-se, a lei que é a antítese do passado. A lei da forma é reter; a lei da vida é doar. A vida cresce ao efundir-se através da forma, alimentada pela fonte inexorável de vida no coração do Universo. Quanto mais a vida se efunde, tanto maior será o influxo vindo do interior. Parece, à primeira vista, aos jovens Cristos que toda a sua vida estivesse abandonando-os, como se as suas mãos fossem deixadas vazias depois de darem as suas dádivas a um mundo ingrato. Somente quando a natureza exterior for definitivamente sacrificada, poder-se-á vivenciar a vida eterna e aquilo que parecia ser a morte descobre-se como um nascimento em uma vida mais plena.

A Segunda Iniciação

Assim desenvolve-se a consciência, até que o primeiro estágio da Senda é trilhado e os discípulos veem diante deles o segundo portal da iniciação, simbolizado nas escrituras cristãs como o Batismo do Cristo. Neste, quando descendem às águas das tristezas do mundo, o rio em que cada salvador terá que ser batizado, um novo fluxo da Vida Divina é lançado sobre eles. A sua consciência identifica-se a si própria como o Filho, em quem a vida do Pai encontra expressão apropriada. Sentem a vida da Mônada, o Pai no céu, fluindo para dentro das suas consciências, e compreendem que eles são unos não apenas com a humanidade, mas também com o Pai celestial. Compreendem que vivem na Terra apenas para serem a expressão da vontade do Pai, seu organismo manifesto. Dali em diante, o seu serviço em relação a outras pessoas constitui o fato mais evidente em suas vidas. Eles são o Filho, a quem as pessoas deveriam ouvir, porque a Vida oculta deles flui. Tornaram-se um canal através do qual aquela Vida oculta pode alcançar o mundo exterior. São pastores do Deus Misterioso. Ingressaram no véu e dele saíram com a glória irradiando-se de suas faces, o reflexo da Luz no santuário.

É ali que começa o trabalho do amor, simbolizado no serviço externo através da vontade de curar e de aliviar. As almas que procuram Luz e Vida afluem ao redor dos discípulos, atraídas por sua força interior e pela Vida Divina manifesta no reconhecido Filho do Pai. Almas famintas procuram-nos e recebem pão. Almas que sofrem da enfermidade do pecado aproximam-se e são curadas pela palavra viva; almas cegas pela ignorância aproximam-se e são iluminadas pela sabedoria. Constitui um dos sinais de um Cristo em serviço que os abandonados e os pobres, os desesperados e os degradados, acorram até ele sem um sentido de separação. Eles sentem uma solidariedade acolhedora e não são repelidos, pois a ternura irradia-se destas pessoas e o amor compreensivo flui ao seu redor. Em verdade, os que se aproximam são ignorantes e não sabem que estas pessoas são Cristos em evolução. Mas eles sentem um poder que eleva, uma vida que vitaliza, e, em sua atmosfera, respiram nova esperança, nova força.

A Terceira e Quarta Iniciações

Agora diante do discípulo encontra-se o terceiro portal que representa a admissão a um outro estágio de progresso, e eles experimentam um breve momento de paz, de glória e iluminação, simbolizado nas escrituras cristãs pela Transfiguração. É uma pausa, uma breve cessação do serviço ativo, uma viagem até as montanhas onde reina a paz do céu. Ali, quando se encontram lado a lado com alguns seres que reconheceram a Divindade em evolução, aquela Divindade brilha por um momento em sua beleza transcendental.

Durante esta bonança no combate, os discípulos veem o seu futuro. Uma série de imagens desenrola-se diante de seus olhos. Eles veem os sofrimentos que estão adiante deles, a solidão de Getsêmani[18], a agonia do Calvário. Depois, as suas faces voltam-se firmemente na direção de Jerusalém, na direção da escuridão na qual terão de penetrar pelo amor à humanidade.

Compreendem que antes que possam atingir a realização perfeita da unidade, terão de vivenciar a quintessência da solidão. Antes, enquanto conscientes da vida em expansão, ela parecia vir-lhes do exterior. Agora, devem compreender que o seu centro está no interior. Na solidão do coração terão de vivenciar a verdadeira unidade do Pai e do Filho, uma unidade interna e não externa. Por isso, todo contato externo com outros, e até mesmo com Deus, terá de ser cortado, de maneira que dentro do seu próprio Espírito possam encontrar o Uno.

À medida que se aproxima a hora da escuridão, os discípulos tornam-se cada vez mais horrorizados pelo fracasso da solidariedade humana, na qual haviam confiado durante os últimos anos de vida e serviço. Quando, no crítico momento da necessidade, eles procuram conforto e veem os seus amigos mergulhados em um sono indiferente, parece que todos os laços humanos são rompidos, que todo o amor humano é um ludíbrio e toda a fé humana, uma traição. Os discípulos voltam-se para si mesmos para aprenderem que apenas o laço com o Pai no céu permanece, e que todo o auxílio corporificado é inútil.

Foi dito que nesta hora de solidão a alma está repleta de amargura e que raramente uma alma ultrapassa este imenso vazio sem um chamado de angústia. Irrompe então a repreensão agoniada: "não poderias tu permanecer comigo durante uma hora?" Mas ne-

---

18 O local para onde retirou-se Jesus com seus discípulos na noite anterior à Crucificação. (Nota Ed. Bras)

nhuma mão humana pode segurar outra naquele mar de desolação do Getsêmani.

Uma vez que tenha passado esta fase da deserção humana, então, não obstante a natureza humana afastar-se do cálice, surge uma escuridão ainda mais profunda. Nesta hora, um grande abismo parece abrir-se entre o Pai e o Filho, entre a vida corporificada e a Vida Infinita. O Pai, que foi compreendido em Getsêmani quando todos os amigos humanos estavam adormecidos, é velado na paixão da Cruz. É, entre todas, a mais amarga das provações para o iniciado. Até mesmo a consciência da vida na qualidade de Filho é perdida e a hora do triunfo esperado passa a ser aquela da ignominia mais profunda. Os iniciados veem os seus inimigos exultantes ao seu redor, veem-se abandonados pelos amigos e bem-amados. Sentem que o apoio divino despenca-se sob seus pés. Bebem até a última gota no cálice da solidão e do isolamento. Nenhum contato com seres humanos ou com Deus os une no vazio em que se encontram as suas almas desamparadas. Então, do coração que se sente desertado até mesmo pelo Pai surge o lamento; "Meu Deus! Meu Deus! Por que me abandonaste?"

Por que esta última provação, este último ordálio, esta ilusão mais cruel entre todas? Constitui realmente ilusão porque o Cristo agonizante encontra-se, entre todos, mais próximo do coração divino.

Isto ocorre porque os Filhos precisam saber que são unos com o Pai que procuram; terão de encontrar Deus não apenas em seu interior, mas como sendo o seu Eu mais profundo. Somente quando o iniciado sabe que o Eterno é ele próprio, e que ele é Eterno, estará ele além da possibilidade do sentido de separação. Então, e somente então, esses iniciados poderão ajudar com perfeição a raça humana, tornando-se a parte consciente da energia enaltecedora.

A Quinta Iniciação

O Cristo triunfante, o Cristo da Ressurreição e da Ascensão, sentiu a amargura da morte, conheceu todo o sofrimento humano. Elevou-se acima disto através do poder de sua própria divindade. O que pode agora afetar a sua paz ou impedir sua mão estendida para ajudar? Durante a sua evolução ele aprendeu a receber em si próprio as correntes dos problemas humanos e emiti-las novamente em forma de correntes de paz e de alegria. Dentro do círculo de sua atividade, foi esta a sua tarefa, transmutar forças de discórdia em forças de harmonia. Agora ele terá de fazê-lo para o mundo, para a humanidade da qual ele floresceu.

Os Cristos e os seus discípulos, na medida de sua evolução, protegem e ajudam o mundo desta forma. As lutas seriam muito mais amargas, os combates da humanidade, muito mais desesperados, se não fosse pela presença daqueles cujas mãos sustentam "o pesado *karma* do mundo".

Mesmo aqueles que se encontram no estágio incipiente da Senda tornam-se forças enaltecedoras na evolução, como de fato ocorre com todos aqueles que operam altruisticamente em prol de outras pessoas, embora aqueles que estão na Senda o façam de modo mais deliberado e contínuo. Mas o Cristo triunfante faz de forma completa aquilo que outras pessoas realizam em estágios variáveis de imperfeição; por isso ele é chamado de "Salvador", e esta característica nele é perfeita. Ele salva, não por colocar-se em nosso lugar, mas por compartilhar a sua vida conosco. Ele é sábio, e nós nos tornamos mais sábios através de sua sabedoria, porque a sua vida flui para nossas veias e pulsa em nossos corações. Ele não está vinculado a uma forma e tampouco está separado de qualquer forma. Ele é o Homem Ideal, o Homem Perfeito. Cada ser humano é uma célula em seu corpo, e cada cédula é alimentada por sua vida.

Certamente não teria sido válido sofrer na Cruz e trilhar a Senda que a ela conduz apenas para que o Cristo pudesse conquistar a sua própria libertação um pouco mais cedo e estar em paz um pouco antes. O custo teria sido demasiado pesado para tal conquista, o esforço, demasiado amargo para tal prêmio. Em seu triunfo é exaltada a humanidade, e a Senda palmilhada por todos os pés passa a ser um pouco mais curta. A evolução de toda a raça é acelerada; a peregrinação de cada um torna-se mais curta. Foi este o pensamento que o inspirou na violência do combate, que alimentou a sua força e que suavizou as dores da perda. Não existe um único ser, por mais fraco, mais degradado, ignorante e pecaminoso que seja, que não se encontre um pouco mais próximo da Luz quando um Filho do Altíssimo conclui seu caminho. Como será acelerado o passo da evolução à medida que um número cada vez maior desses Filhos se elevarem triunfantes, ingressando conscientes na Vida Eterna! Com que rapidez girará a roda, elevando-nos para a Divindade, à proporção que um número cada vez maior de nós for conscientemente Divino!

É aqui que reside o estímulo para cada um de nós que em nossos momentos mais nobres sentiu a atração da vida transmitida pelo amor à humanidade. Pensemos sobre os sofrimentos do mundo que não sabe por que sofre; da miséria, do desespero daqueles que não sabem por que vivem e por que morrem; aqueles que, dia após dia, ano após ano, veem a si e a outras pessoas envoltas por sofrimento e não compreendem a razão; que lutam com coragem desesperada ou revoltam-se furiosamente contra condições que não podem compreender ou justificar. Pensemos na agonia originada da cegueira, da escuridão em que estas pessoas se debatem, sem esperança, sem aspiração, sem conhecimento da verdadeira vida e da beleza além do véu. Pensemos sobre os milhões de irmãos e irmãs nossos na escuridão e depois, sobre as energias ascendentes nascidas dos nossos sofrimentos, de nossas lutas e sacrifícios. Podemos elevar os outros um passo adiante na direção da Luz, aliviando-lhes as dores, diminuindo-lhes a ignorância e encurtando a sua jornada na direção do conhecimento que é Luz e Vida. Quem de nós, que sabe até mesmo um pouco, não daria a sua vida por aqueles que nada sabem?

Sabemos através da Lei imutável, da Verdade insofismável, da Vida de Deus sem fim, que toda a divindade está dentro de nós. Embora agora esteja apenas pouco desenvolvida, a capacidade infinita ali reside e está disponível para elevar o mundo. Certamente, então, não existirá um único entre nós a perceber a pulsação da Vida Divina que não seja atraído pela esperança de ajudar e de abençoar.

Se esta Vida for percebida, por mais fraca que se afigure, por mais curto o momento, é porque no coração reina a primeira emoção daquilo que desabrochará na Vida do Cristo, porque aproxima-se o tempo para o nascimento do Cristo infante, pois é por intermédio Dele que a humanidade procura florescer.

15

O FUTURO QUE NOS AGUARDA

Será que vocês podem imaginar a evolução humana conduzindo-os à frente, ao futuro que está à espera da raça humana? Esforçar-me-ei por guiá-los passo a passo, ainda que sejam bem longos, pela escada que, com o correr das idades, a raça ascenderá. A fim de realizar esta tarefa de forma inteligente, terei de conduzir os seus pensamentos por um instante até o passado. Torna-se necessário lançarmos um olhar em nosso longo passado como lembrete preliminar, até mesmo para aqueles que já conhecem os fatos, a fim de que possamos ter diante de nós todo o grande empreendimento, do início ao fim do *manvantara*.

Evolução Passada

Pensem por um momento, à medida que é possível aplicar o pensamento, naquela elevada região do início de um Universo. A partir do grande *Logos* do qual procedeu o Universo, produz-se um alento que se projeta e retorna imediatamente em um *manvantara*. Este o poderoso Alento Vital, no qual todos os sistemas, todos os mundos, todos os indivíduos vivem, respiram e existem. Deixem surgir em suas mentes, por um momento, uma imagem daquele vasto ciclo de evolução – evolução ainda não completada, evolução existente no pensamento do *Logos*, porém não nos fatos da manifestação.

Então, deslocando-se celeremente a partir daquele início, coloquem diante de suas mentes uma outra imagem, aquela da construção dos planos de um Universo, região após região. A energia do *Logos*, iluminando adiante, efunde-se como *Ātma*, o Eu uno, em um Universo ainda a existir. Constrói plano após plano em ordem sétupla. Ela própria constitui a energia, o primeiro espírito; a primeira matéria é o seu próprio aspecto externo, o círculo em que se limita com a finalidade da manifestação. Esta energia move-se para fora, envolta naquela primeira matéria como se em uma vestimenta. O seu aspecto exterior forma outra vez nova fase de matéria, aquela do segundo plano, de maneira que a energia do segundo plano é a primeira energia, mais a matéria do primeiro plano. Ao redor disto a nova diferenciação da matéria do segundo plano é envolvida. A energia do terceiro plano é a primeira energia mais a matéria do primeiro e do segundo plano, e o limite exterior torna-se a matéria do terceiro plano. Assim, região após região é feita, até que as sete (o número-raiz deste Universo) estejam completas. Todas constituem diferenciações do Uno – tudo *Ātma*, porém *Ātma* modificando-se em manifestação.

Depois, tocando a superfície limitante da esfera – o círculo autoestabelecido como intransponível – a grande onda de Vida lança-se em movimento de retorno sobre si mesma, retraindo-se da circunferência ao centro. Tendo tocado o limite máximo, o mundo mais inferior da matéria, ela começa a desenvolver aquilo que havia envolvido.

Tendo assim trazido à existência objetiva a matéria-espírito de cada plano, a onda de Vida começa a usá-la como material. Constrói aquela matéria-espírito em vários organismos e formas de seres vivos, destinados a serem veículos da consciência neste Universo. Eles deverão por fim estar preparados para formar os templos vivos de *Ātma* indiferenciado, à medida que se irradia como a energia do *Logos*. A energia em desenvolvimento eleva-se do mineral ao vegetal, do vegetal ao animal e assim em sentido ascendente, até os precursores da humanidade. Imaginemos esta vasta sucessão eônica[19] e procuremos ver como, nesses corpos, nos quais *Ātma* não diferenciado está atuando, desenvolvem-se um após o outro os tipos sucessivos de matéria-espírito. Estes tinham estado envolvidos durante a descensão. Imaginemos como, na marcha ascendente para o reino animal, e ainda além até os seres humanos primevos – mais animais

19 Referente a *eon*, largo período de tempo ou era. (Nota Ed. Bras.)

do que homens – gradualmente estes tipos mais sutis, menos densos de matéria-espírito, desenvolvem-se dentro da matéria mais grosseira do corpo físico. Estas sutis energias pertencem aos diferentes planos formados pelo envolvimento da Vida.

O Nascimento da Humanidade

Finalmente surge o momento em que seres humanos plenos começam a existir. Esta energia ascendente, em desenvolvimento, é agora capaz de estender-se para cima até o Fogo sempiterno que ilumina de cima, em sentido descendente, e a vida abaixo lança-se para cima, na direção da vida superior, até que ambas se encontrem e a humanidade nasça.

Deixem-me ajudá-los com um exemplo extraído da experiência diária. Vocês sabem como é formado o arco elétrico, a luz da lâmpada elétrica. Dois polos de carbono – um positivo, outro negativo – aproximam-se cada vez mais um do outro na escuridão. Ao final estão tão próximos um do outro que é vencida a resistência do ar, e a corrente salta de um polo a outro. É formado o arco elétrico e surge a luz.

O arco elétrico pode servir de símbolo para a repentina formação do indivíduo, o verdadeiro ser humano. Um indivíduo nasce quando aquilo que podemos chamar de corrente negativa de *Ātma*, projetando-se em sentido ascendente, e a corrente positiva de *Ātma*, em sentido descendente, precipitam-se e se encontram. O Eu imortal vem à existência para viver através das eras incomensuráveis da eternidade.

Tudo isto é apenas o suficiente para lembrá-los daquilo que está atrás de nós no passado, de fatos que precisam estar claros em suas mentes, para que possam vislumbrar o futuro que nos aguarda, o futuro que procurarei esboçar.

Este grande Alento de Vida continua estendendo-se, e a humanidade está começando a existir. Esta onda é a onda da evolução, a Lei de acordo com a qual tudo deve viver, o progresso por meio do qual tudo é levado adiante. Isto inclui a nós próprios, como também ao planeta no qual vivemos, o Universo e nele, todos os mundos. Tudo que acompanha esta corrente é transportado à frente e para cima; tudo que a ela se opõe é lançado para baixo como destroços, para ser retrabalhado em algum futuro muito distante, no qual serão compreendidas todas as oportunidades perdidas.

Podemos agora pensar na humanidade como o indivíduo que começa a andar em direção ascendente e atinge o lugar no qual nos encontramos hoje. A fim de tornar um pouco mais claro um tema tão complexo, gostaria de pedir-lhes que imaginassem os três grandes tipos de atividades nas quais progredimos. Poderia configurá-las como uma poderosa pirâmide de três faces com seu ápice tocando o céu. Cada lado da pirâmide tipifica uma das três grandes atividades do Universo; um lado é poder, o outro, sabedoria e o outro, amor. Dentro desses três aspectos agrupam-se todas as atividades menores e todas as possibilidades estão ali incluídas.

Nos lados da pirâmide você poderá ver configuradas muitas linhas que parecem ser paralelas, mas que são realmente convergentes. Estas são as linhas variadas do progresso - mental, moral, espiritual - ao longo das quais a humanidade deverá evoluir. Se vocês imaginarem esta pirâmide como sendo feita de blocos horizontais, cada bloco um grande estágio de progresso simbolizando uma das regiões do Universo, então na base teremos o mundo físico. Ali atuando, todas as potencialidades e energias humanas manifestam-se como consciência física no corpo físico. Os três lados da natureza humana - poder, sabedoria e amor - evoluem gradualmente.

Logo acima temos o segundo grande bloco a simbolizar o Plano Astral, outra grande região a ser ocupada pela consciência humana. Acima dele temos o Plano de Manas - o Plano de *Devachan*, a região da mente em si. Acima, temos uma região ainda mais nobre e sublime, o Plano de *Buddhi* ou da intuição espiritual, o Plano do *Samādhi* às vezes chamada de *Sushupti*. Acima deste, há o Plano de *Ātma*, *Nirvāna*, o ápice, abarcando tudo.

Pensar sobre esta imagem pode ajudar-nos à medida que passamos de degrau em degrau, de bloco em bloco, pois temos que seguir o curso da humanidade elevando-se de estágio em estágio a fim de compreendermos em que consiste a evolução humana.

A nossa evolução consiste na consciência em expansão, a qual se inicia na própria base de nossa pirâmide como um mero fio de luz viva. Ela se expande à medida que passa de uma região à outra, ampliando-se e absorvendo mais e mais para si. Por fim, o fio torna-se um cone de fogo e desloca-se até o ápice, unindo-se ao mar de Fogo vivo, no qual residem toda a Luz e toda a Vida.

A expansão da consciência é o ponto marcante da evolução humana. À proporção que a consciência se expande, alcançando mais e mais o interior de seus limites, a humanidade que está assim se elevando crescerá em poder, sabedoria e amor. Estes três aspectos não podem realmente ser separados, exceto para maior clareza da explanação, porque o amor nada é senão a expressão exterior de sabedoria, e o poder, seu agente eficaz. Ainda assim, considerando cada qual separadamente, poderemos facilitar a sistematização de nosso pensamento, e isto será vantajoso para um tema tão complexo e difícil.

O Plano Físico

Ao considerarmos a raça humana como um todo, podemos dizer que a sua vida autoconsciente está no corpo no Plano Físico. A humanidade, conforme acima definida, pode realmente ser considerada como tendo descido de regiões mais elevadas para o envoltório físico. Mas aquelas regiões não foram ainda vencidas pela consciência da maioria das pessoas, e a humanidade como um todo não pode, neste momento, ser considerada como vivendo nessas regiões em atividade autoconsciente. Seres humanos habitam-nas, mas a consciência ali é a consciência de um recém-nascido, ainda não desperta.

Mesmo assim, para que não possam surgir interpretações errôneas, deixem-me dizer-lhes que existem até mesmo agora alguns seres que se elevaram acima do Plano Físico e são capazes de operar nos outros planos, e são em número sempre crescente. De tudo que eu possa dizer sobre o futuro, nada mencionarei que não seja conhecido para ao menos um ou dois entre nós que conquistamos uma compreensão parcial do futuro da raça, que conhecemos ao menos um pouco sobre esses planos diferentes, os quais, no futuro, todos conhecerão e dominarão plenamente.

Lançando um olhar pela região física, como suas atividades se agrupam nos três lados de nossa pirâmide? No lado do amor, temos o serviço em favor daqueles acima de nós, e ajuda e compaixão para aqueles que estão ao nosso redor e abaixo de nós. No lado da sabedoria, temos aquilo que ainda não é sabedoria, mas apenas conhecimento, porém conhecimento que se transformará em sabedoria quando for transmutado. A Ciência, a Filosofia e as Artes são as grandes linhas ao longo das quais o pensamento está ascendendo no lado da sabedoria. No lado do poder, temos o governo, as normas, a organização da sociedade e aquele poder criativo que mesmo agora reside em todas as pessoas, muito embora elas ainda não o saibam.

Os Limites da Vida Física

Pode parecer-lhes estranho, até mesmo surpreendente, que em cada um desses lados pareçamos estar atingindo os limites do físico, sempre chegando a obstáculos os quais somos incapazes de transpor. Temos um passado bem-sucedido atrás de nós, sem dúvida, ainda assim parece que o progresso no físico está encerrado, e que algo mais terá de ser encontrado para o progresso ser levado adiante. Se olharmos para a região do amor – que possui a religião e o serviço daqueles que estão acima de nós como uma de suas linhas de crescimento –vemos que as grandes religiões do mundo foram recuadas pelo avanço da inteligência cética, de modo que agora se encontram em posição de extrema dificuldade. Até mesmo aqueles que as amam ao máximo devem sentir dúvida no fundo de suas mentes sobre o fato de estarem ou não no caminho certo. Reconhece-se que no grande domínio da religião, a fé ocupou excessivamente o lugar do conhecimento, a esperança, o lugar da certeza e a autoridade, o lugar da visão. O resultado é que, não importa em que país nos encontramos ou qual religião examinamos, vemos as grandes massas mergulhadas na superstição, presas fáceis dos terrores de toda a espécie. O futuro desconhecido à sua frente está repleto de terror, porque é desconhecido.

Onde não há superstição entre as massas, há ateísmo, eliminando os ideais. E além desta degradação religiosa das massas, existe uma categoria de pessoas de instrução mais elevada, céticas em seu interior, em suas vidas e em suas palavras. Desafiam a religião porque sabem que a sua mera apresentação exotérica não pode ser considerada de modo inteligente como verdadeira na realidade. Desafiam a todos e não encontram esperança de uma verdade que possa ser compreendida sob o desafio, embora sintam o chão cedendo sob seus pés.

Se nos voltamos para a outra linha, no lado do amor – atividade de auxílio e compaixão para com aqueles que estão ao nosso redor em situação inferior à nossa – vemos alguns corações bravos vencidos e desesperados ante a extensão da miséria humana diante da qual são incompetentes para eliminar ou curar. Veem a pobreza a dilacerar-lhes o corpo, e a ignorância a dilacerar lhes ainda mais a mente, de forma que os que amam a humanidade dificilmente sabem de que direção pode vir auxílio efetivo.

No lado da sabedoria, também, obstáculos surgem diante de nossos olhos em cada linha ascendente. A Ciência, que obteve tantos triunfos, está aparentemente atingindo o limite da delicadeza e precisão ímpares de seu aparato físico. Contudo, surgem nos laboratórios energias demasiado sutis para que possam ser medidas com seus instrumentos, substâncias demasiado rarefeitas para que possam ser pesadas nas balanças dos laboratórios. A Ciência, por toda a parte, está em busca de novos métodos. A Medicina encontra-se cega; os médicos, incapazes de diagnosticar enfermidades devido à falta de clareza de visão, incapazes de acompanhar definitivamente a ação das drogas, apenas realizando experimentos e sempre nutrindo a esperança de que destes resultará algum conhecimento. Nas Ciências Físicas, o materialismo está se desintegrando com suas teorias do Universo, comprovadamente inadequadas, ao passo que o idealismo não está preparado para ocupar o seu lugar, para ser claro e oferecer explanações inteligíveis.

No maior dos sistemas idealísticos, o Vedanta, da Índia, como é agora ensinado, encontramos o intelecto devotado a dissecar minúcias inúteis, ao invés de concentrar-se no pensamento profundo, uma sutil deterioração do caráter e dos modos e hábitos de pensamento a minar a conduta. Os seus estudantes passam a não se importar com a conduta na vida e com a diferença entre certo e errado, auto-hipnotizados por uma repetição obtusa da profunda verdade "Tu és Aquilo". Tanto no Oriente como no Ocidente, encontramos a cegueira e as buscas infrutíferas, um vago anseio que sabe apenas ter perdido os seus ideais e que onde não há ideais não pode estar a verdade.

E o poder. O que dizer sobre as atividades humanas que se desenrolam no lado do poder? A sociedade em guerra consigo mesma, classe contra classe, sexo contra sexo; reis sem autoridade para controlar, que não mais reinam, que não têm responsabilidade, a quem foi deixado o poder social para fazer o mal, ao passo que o poder governante para realizar o bem foi deles arrancado. O poder que lhes foi tomado foi posto nas mãos da ignorância dos muitos milhões, com alguma vaga esperança de que se projetará em tantas direções que nenhum movimento prejudicial ocorrerá. Como resultado, em toda a parte pode-se ver a deterioração moral e física, pobreza e miséria quase invencíveis, sem sabedoria alguma que seja capaz de guiar, sem poder que se aventure a controlar. As pessoas lançam furtivos olhares para o passado e, ao mesmo tempo, temerosos olhares ao futuro, interrogando-se sobre quando acontecerá um cataclisma social. Alguns sonham tristemente com os dias em que houve reis iniciados, reunindo as nações sob a proteção segura dos tronos, onde o conhecimento e o poder se transformaram em uma vida mais poderosa e produziram uma verdadeira sociedade. E o que dizer a respeito do poder da criação? Mas, como eu disse, este é agora desconhecido, sendo inútil tentar falar a seu respeito.

Bem, olhemos agora para o futuro e vejamos como a humanidade avançará até a paz, a segurança e felicidade maiores neste

Plano Físico. Todas as mudanças que advirão ao Plano Físico no futuro serão o resultado da atuação descendente dos poderes mais altos os quais vão estar, de uma maneira geral, desenvolvidos na humanidade.

O Mundo Astral

Podemos agora imaginar o passo seguinte, o passo para a segunda região, o progresso humano chegando no segundo grande estágio de nossa pirâmide. As pessoas tornar-se-ão autoconscientes no Plano Astral, conquistando o reino astral e, assim, encontrarão um mundo novo. Aqui adquirirão novos poderes, adotarão novos métodos; novas perspectivas abrir-se-ão, novas potencialidades florescerão em toda parte. É a raça que está se elevando, não apenas indivíduos isolados que estão ultrapassando seus semelhantes.

Procuremos compreender este próximo estágio no progresso humano, quando a maioria terá se expandido da autoconsciência no Plano Físico para a autoconsciência no mundo astral. Vejamos como a humanidade evoluirá e crescerá ao longo dos pontos que consideramos no mundo físico.

O que é este mundo astral e o que queremos dizer com a expansão de consciência para abarcar esta segunda região no Universo? Primeiro, há a expansão do poder dos sentidos. Os sentidos astrais, embora ainda distinguíveis entre si – pois não estamos além dos obstáculos da separação no mundo astral – não são tão limitados como os sentidos físicos. A visão astral vê por trás, à frente e em volta; ela vê cada lado de um objeto e o atravessa. Os sentidos adquirem sutileza, precisão e refinamento novos, e de todas as direções aflui conhecimento maior através dessas janelas mais amplas da alma. Os sentidos, mais agudos e mais fortes, atravessam e vencem as barreiras que dificultam a humanidade quando a consciência podia operar somente através do corpo físico.

O Lado do Amor da Pirâmide

Assumindo as atividades do lado do amor para o serviço àqueles que estão acima de nós, verificamos que, quando as pessoas passarem para o mundo astral, elas verão e investigarão fenômenos com os quais apenas sonharam ou nos quais somente acreditaram quando restritas ao mundo físico. Primeiro estabelecerão contato com grandes verdades, grandes realidades, poderosas Inteligências neste mundo astral. A consciência em fase de despertar poderá apenas tocar-lhes a orla, sem compreender ainda estas naturezas. Mas este contato torna-las-á reais e não mais apenas questões de fé.

Quando este mundo desconhecido abrir-se diante da visão desperta da maioria, como agora está aberto a apenas alguns poucos, as pessoas verificarão que não apenas possuem uma visão mais abrangente, com capacidade de empregar os sentidos astrais no corpo físico, mas que poderão deixar o corpo físico sempre que este lhes for inconveniente ou tornar-se um obstáculo. Poderão usar o corpo astral para se deslocarem através do mundo astral.

Ali será possível comunicarem-se com as grandes Inteligências que podem ser alcançadas quando os limites do físico forem ultrapassados. A religião adquirirá nova vida, pois a própria base do ceticismo será removida quando as pessoas puderem ver e investigar fenômenos agora erroneamente julgados sobrenaturais, e quando entrarem em contato direto com seres cuja própria existência agora é negada.

Assim também a superstição terá de desaparecer quando as pessoas puderem penetrar no mundo além-túmulo pela vontade. Aquilo que não mais é o desconhecido deixará de ser uma terra de terror, e aqueles que procuram subjugar o ignorante através do pavor do mundo invisível não poderão mais lançar mão do temor que lhes infligem. Todos passarão a conhecer aquele mundo, compreendendo os seus fenômenos, agora maravilhosos, e ainda assim familiares, constituindo parte da vida diária de então. Aquilo que chamamos de morte será quase que despojado de tristezas, porque as pessoas serão capazes de viver no mundo astral, reunindo-se com aqueles que por um período de tempo libertaram-se das limitações do corpo físico. O mundo astral terá vindo integrar-se no ritmo da vida comum e desvanecer-se-á a divisão causada pela morte.

As pessoas serão capazes de entrar em contato com os Grandes Seres e com o ensinamento que então estará aberto ao mundo. O espaço não tem poder de dividir em virtude da rapidez da passagem àquela região mais sutil. Assim, as oportunidades de conhecimento que hoje são privilégio apenas de poucos estarão ao alcance de todos, um conhecimento que modificará todos os aspectos da vida e abrirá possibilidades ainda mais divinas.

Ali, também, as pessoas encontrarão os grandes Instrutores do passado e saberão que eles não são sonhos, porém seres vivos. Verão que tudo que foi ensinado por eles como tendo caráter nobre é verdadeiro, ao passo que tudo que a ignorância tem feito para obscurecê-los desvanecer-se-á naquela luz mais brilhante, diante da visão mais clara neste dia mais puro.

Quando nos voltamos da linha da religião para aquela da ajuda aos que estão ao nosso redor, e da compaixão para os que estão abaixo, o que a humanidade não será capaz de concretizar quando uma maioria puder realizar aquilo que agora cabe apenas a uma pequena minoria! As pessoas terão capacidade de captar as forças astrais, empregando-as constantemente tanto no mundo físico como no astral.

No mundo físico, as pessoas serão capazes de auxiliar e proteger os outros, enviando conscientemente forças do astral para concretizarem esse propósito. Serão capazes de formular pensamentos úteis, revestindo-os na essência elemental, criando, assim, um elemental artificial que pode ser instruído para ajudar os mais fracos, proteger os desprotegidos e afastar os perigos. Tais forças compõem um escudo permanente para todos aqueles a quem são emitidas.

Tudo isso estará ao alcance fácil dos que constituem a vanguarda da evolução humana. Os mais atrasados serão auxiliados por aqueles que avançaram mais, todos esses poderes ao alcance da maioria. Também será dada ajuda a todos aqueles que dela necessitem no mundo astral, para todas as almas dos retrógrados que, ao se despojarem do corpo físico, penetram pela primeira vez em um mundo que lhes é novo. Pois as pessoas não serão iguais então mais do que o são agora. A grande maioria estará trabalhando de forma autoconsciente no Plano Astral, mas haverá ainda um grande número daqueles cuja consciência não se terá elevado até aquele ponto. A maioria estará disponível, da qual se obterá auxiliares para guiar, confortar e dirigir as almas mais ignorantes que se despojaram da roupagem do corpo físico. A maioria realizará o trabalho feito apenas por alguns poucos atualmente.

Existem grandes oportunidades no Plano Astral hoje, porque até mesmo agora pode-se levar conforto àquelas almas que para ali se deslocam, perdidas, lançadas naquela região plena de temor. Os seus medos poderão ser aliviados e suas mentes, iluminadas. No futuro, este trabalho abençoado estará ao alcance de todos aqueles que atingirem essas possibilidades mais elevadas no caminho da compaixão.

Outra bênção que virá ao mundo, atuando desde o Plano Astral para atingir o Plano Físico, será no campo da educação infantil. Como será modificada a educação quando os sentidos astrais estiverem despertos? Quando as mentes das crianças estiverem abertas diante de seus pais e professores? Quando o seu caráter estiver plenamente delineado em cor e forma, como o é para a visão astral? Quando todas as tendências más forem reconhecidas no germe da infância e subjugadas, ao passo que todas as tendências boas receberem auxílio, sendo fortalecidas e encorajadas a florescer? A educação infantil no futuro - o qual, de fato, não está tão distante - fará o seu progresso mil vezes mais rapidamente do que agora. O que não poderia ser realizado para as crianças se fossem treinadas por aqueles que têm a visão astral - se todas as sementes do vício fossem erradicadas, se todas as sementes do bem fossem estimuladas ao crescimento? Ao invés de assistirmos aos jovens crescerem como meros estereótipos das pessoas mais idosas ao seu redor, deveríamos vê-los crescendo como uma verdadeira nova geração, desenvolvendo as possibilidades que até mesmo agora estão em seu íntimo. A ignorância que estimula o mal e desestimula o bem é deplorável. É a cegueira que atua como uma espécie de venda colocada nos olhos das pessoas, de modo que se tornam incapazes de ver e, portanto, de guiar os mais jovens.

O Lado da Sabedoria

Quando nos voltamos do lado do amor para aquele da sabedoria, descobrimos que, com a expansão da consciência no Plano Astral, terá de ocorrer uma mudança completa. Os métodos da ciência serão modificados; os métodos tradicionais, que já estão começando a se tornar ultrapassados, serão abandonados em favor de instrumentos mais aguçados e sutis. Os cientistas empregarão os melhores instrumentos dos sentidos astrais a fim de estudar e compreender os fenômenos do mundo físico, bem como aqueles do mundo astral. Posso indicar apenas alguns poucos dos novos métodos que, então, serão de uso comum, porém uma breve indicação mostrar-lhes-á como é amplo o seu escopo.

Tomemos a Medicina. Imaginem que diferença haverá no que tange à convicção e precisão de um diagnóstico, quando o médico utilizar a visão astral para diagnosticar e estabelecer a ação de medicamentos. Nem os médicos e tampouco os cirurgiões precipitar-se-ão pelo que veem na superfície dos objetos, como o fazem hoje em dia, porém todo médico verá exatamente o ponto que está mal e aplicará os remédios de modo correspondente.

Ou tomemos os métodos da Química. Os químicos não mais elaborarão teorias, porém, verão efetivamente. Os átomos não mais serão possibilidades e abstrações, porém objetos que podem ser facilmente examinados e traçados[20]. Todas as combinações serão estudadas com a visão astral, estágio após estágio, sendo observadas e acompanhadas. Os químicos realizarão testes, farão dissociações, combinações, novas disposições, tudo com a certeza oriunda da visão, e manipularão materiais através das novas forças que estão a seu comando.

---

20 Ver *Occult Chemistry [A Química Oculta]*, de Annie Besant e C. W. Leadbeater. (Nota do Original)

Também haverá muitas mudanças nos métodos da Psicologia, quando a mente estiver exposta aos psicólogos como um livro aberto. Ao invés de especular sobre a mente dos animais, procurando coletar inferências de suas ações, formulando suposições sobre suas motivações, os pesquisadores verão a maneira pela qual o animal está pensando, o estranho mundo que atua sobre a inteligência animal - um mundo tão diferente do nosso próprio, por ser visto de um ponto de vista tão diferente. Então, seremos de fato capazes de tratar de forma eficaz com a mente animal, treinando a inteligência que está despertando, orientando o seu progresso com conhecimento claro e competente.

O pensamento será estudado como se fosse transmitido de mente para mente, e a Psicologia não mais será uma miscelânea de palavras, um agrupamento de ideias não esclarecidas. Tudo se encaixará gradualmente em um plano ordenado, sendo compreendido e dominado, pois os psicólogos saberão, então, em que consiste a mente do homem e começarão a compreender como ela opera e as possibilidades de seus poderes em expansão.

Pensem também na Filosofia. Não mais haverá qualquer possibilidade de argumentação quanto a seu embasamento em vista do conhecimento mais amplo de poderes até então sem crédito, de matéria com potencialidades até então inimaginadas, matéria descoberta em forma muito mais sutil do que se poderia imaginar ser possível, porém mesmo assim ainda atuando como vestimenta para a vida. Então, o que está agora faltando em idealismo será suprido - a compreensão da relação entre força e matéria como os dois aspectos do Uno, entre a vida e a roupagem com a qual a vida está revestida. Compreenderemos, também, como a matéria está sujeita à vida, como assume a forma que o pensamento lhe ordena, como o potencial criador é capaz de funcionar, muito embora isso venha a ser compreendido de forma muito mais plena nas regiões além do astral.

Consideremos também o relato da História. Como esse processo será diferente em um mundo no qual todos os registros astrais estarão abertos à leitura. Nesse caso, a História não mais poderá ser escrita de um ou outro ponto de vista, para apoiar uma teoria ou engrandecer a visão de algum autor específico. Os historiadores lançar-se-ão de volta ao passado e viverão e atuarão nos cenários que descrevem! Quando a História for relatada, isso será feito a partir dos registros astrais, as cenas vivas, e os que a contarem viverão como se estivessem naquele período e acompanharão os eventos passo a passo com os homens e as mulheres daquela época. E tudo isso terá a certeza da observação, verificada novamente conforme a vontade dos diferentes alunos. Não serão necessários palpites ou inferências, apenas a paciente observação e o registro fiel. Da mesma maneira que vivemos e nos movemos entre os nossos semelhantes hoje em dia, o historiador viverá e mover-se-á no mundo ao qual chamamos de passado, um mundo vivo e presente para aqueles que sabem como nele se encaminhar.

Também, como será diferente a Arte naqueles dias vindouros – diferentes até mesmo do ponto de vista meramente mecânico. Haverá muito mais cores a deliciar os olhos, brilhantes e vívidas em suas várias tonalidades, translúcidas, extraordinárias e suaves. Existem tantas variedades de formas cambiantes no mundo astral, há tanto mais a ser delineado, a ser reproduzido. Até mesmo no mundo físico, a tela do pintor brilhará com as belezas do astral. E quando os músicos escreverem grandes sinfonias ou maravilhosas sonatas, eles emitirão não apenas sons para encantar os ouvidos, mas cores serão emitidas quando as notas forem suavemente tocadas. Cada sinfonia será uma série estonteante de cores bem como de sons, com uma beleza agora inimaginada, com perfeição e delicadeza ainda desconhecidas.

O Lado do Poder

Do enfoque da sabedoria passemos para o lado do poder. No futuro, a antiga base da sociedade será substituída por melhores materiais para as mãos de seus arquitetos. Cada uma das diferentes funções de um estado perfeitamente organizado será desempenhada por aqueles que estão capacitados para ela através da evolução natural. A aura[21] de cada um será visível àqueles que guiam o Estado, e o dever que cada um necessitará cumprir estará de acordo com o conhecimento, o poder e a benevolência visível à luz astral.

Todos nós temos os traços marcantes de nosso caráter, e dos poderes ao nosso redor, contidos em nossas auras, delineando as funções para as quais somos mais bem preparados para realizar, de maneira que cada qual será então designado para o seu lugar certo. Um sentimento de que está sendo feita justiça tornará as pessoas harmoniosas, sabendo que estão realizando aquilo para o que são adequadas. Terão confiança naquele poder que vê e que lhes atribui categorias, demarcando a área de suas atividades.

Muitas pessoas serão capazes de ver por si mesmas e endossarão a justiça da autoridade governante. Aqueles que não podem ver serão mantidos sob controle pela opinião pública predominante. Então, o conhecimento regerá a ignorância e o poder protegerá e guiará a impotência. As pessoas rirão sobre a ideia insana de que a multiplicação da ignorância constitui sabedoria.

Naqueles dias, quando os jovens estiverem crescendo e tornando-se adultos, seus caminhos na vida serão selecionados de acordo com a cor, o refinamento e o tamanho de suas auras, que mostrarão, como mostram agora para aqueles cujos olhos estão abertos, a extensão de suas faculdades e os poderes que detêm para serem desenvolvidos. Então o trabalho será alegria, como todo trabalho é alegria quando adequado às potencialidades de quem o realiza. A labuta,

---

21 A aura é um corpo ovoide de luzes coloridas a envolverem o corpo físico, visível para os clarividentes. O caráter da pessoa é refletido na aura. Ver *O Homem Visível e Invisível*, C.W. Leadbeater, Ed. Pensamento; *The Personal Aura*, Dora Kunz. (N. do Original).

o esforço no trabalho, surge quando se frustram as potencialidades que possuímos, quando o trabalho não está de acordo com a capacidade. Quando as pessoas estiverem realizando aquilo para o que as suas faculdades são adequadas, haverá harmonia e contentamento na sociedade, ao invés de descontentamento e ameaças de revolução.

Naqueles dias futuros serão também muito diferentes as leis, especialmente quanto à jurisprudência criminal. Tão logo a visão astral passe a ser um poder comum até mesmo para uma forte minoria, terá de produzir-se uma profunda mudança no trato com o mal e com os que o cometem. Se as pessoas possuíssem a visão astral agora, não seria possível que realizassem muito daquilo que está sendo feito pelas nações e pela sociedade. Não seria possível que uma nação se lançasse contra outra, em guerra, porque muitos perceberiam a miséria e as perturbações levadas ao mundo astral pela alma ali lançada em meio ao terror e à ira. E não poderia tampouco existir a chamada pena de morte entre as pessoas que podem perscrutar as regiões pós-morte e que saberiam que todo assassino, liberto pela execução, pode ferir a sociedade de modo muito mais acentuado do que quando permanece preso ao corpo.

Então os seres humanos também assumirão os seus deveres em relação ao reino animal, bem como em relação aos seus próprios irmãos e irmãs. Os detentores da visão astral não poderiam agir contra os animais tão cegamente como as pessoas o fazem agora. Em um mundo civilizado, não mais haverá abatedouros, não haverá açougues com suas cercanias repletas de terríveis criaturas elementais e formas astrais de animais expulsos de seus corpos físicos em medo e horror. Quando se imolam estas criaturas inofensivas, elas enviam de volta ao mundo que deixaram as vibrações de desconfiança e ódio aos seres humanos, afetando os animais que vivem na Terra e causando a repulsão "instintiva" que distingue de forma tão acentuada a atitude do mundo animal em relação aos humanos. Naqueles dias, o crime da caça chamado "esporte" não mais desgraçará a humanidade, manchando com sangue inocente as mãos que deveriam ser puras. Os seres humanos deixarão de ser os agentes principais da miséria no mundo. Quando finalmente descobrirem o que estão realizando, esses males serão afastados para sempre.

Assim, à medida que a humanidade elevar-se em autoconsciência até o mundo astral, maravilhosas mudanças produzir-se-ão, as quais modificarão toda a face da sociedade. Tornarão o planeta muito mais justo. Amor, sabedoria e poder terão se desenvolvido conforme o que aqui consideramos, e também conforme muitos outros aspectos.

A Região da Mente

Outro estágio aparece, agora, diante de nossos olhos – o mundo do *Devachan*, a região da mente em si. Tempo virá em que a humanidade elevar-se-á até aquela consciência mais sublime, sendo capaz de funcionar no *Devachan*, usando os sentidos inerentes àquele plano.

Como poderei falar-lhes a respeito das possibilidades daquele mundo excepcional, de todas as suas maravilhas, suas cores estonteantes e sons melodiosos, sua vida intensa e luz radiante? Como poderei dar-lhes alguma ideia a respeito, exceto em sua própria linguagem? Porque ali o discurso ocorre em cores e música, em formas vivas de resplandecente luz. Aqui falamos e ouvimos frases inadequadas, símbolos verbais que exprimem somente um fragmento do pensamento que podemos formular através do cérebro. Mas ali não há necessidade da fala articulada, deficiente, pois a mente fala diretamente à mente, e a matéria é tão sutil que todo pensamento de imediato assume forma.

Se passarmos para o mundo do *Devachan* e pensarmos, as imagens dos pensamentos brotarão todas ao nosso redor. Brilham, em cores gloriosas, vívidas e extraordinárias além da nossa capacidade de relato, nuanças delicadas, fundindo-se umas nas outras em sucessão rapidamente cambiante, de uma fascinação inexprimível. Quanto mais belos os pensamentos, tanto mais harmoniosas as formas; quanto maiores e mais puras as ideias, tanto mais sofisticadas as formas que se corporificam como fruto radiante da mente.

Tudo que pensamos está diante de nós. Pensamos em um amigo, e a imagem do nosso amigo sorri para nós; pensamos em um lugar, e ele se estende aos nossos pés. O espaço não pode dividir, porque a mente não é limitada por ele.

Nas regiões inferiores do *Devachan*, o tempo está começando a ceder, e o passado, o presente e o futuro começam a fundir-se no agora, embora ainda não totalmente. No entanto, percebemos ali o começo da fusão que é aperfeiçoada em esferas mais sublimes.

Quando amigos falam, fazem-no em forma, cor e música, e o mundo ao seu redor torna-se mais rico por isto, porque sua maravilhosa matéria segue as vibrações de seus pensamentos.

Assim, toda a região do *Devachan* é radiante, com cores cambiantes sobre as quais na Terra nada sabemos, e sua música possui sons que os ouvidos físicos não podem captar. O mero viver ali constitui bem-aventurança inefável que nenhuma desarmonia ou malignidade pode perturbar. Nenhuma nota de discordância pode passar àquele mundo, porque o pensamento que não pode adequar-se à harmonia e beleza não encontrará expressão. Cada forma cambiante parece mais bela do que a anterior, cada tom mais pleno, doce e rico do que o anterior. Se todos os presentes em um auditório tivessem os sentidos do *Devachan* despertos e operantes, então, antes de que as palavras pudessem originar-se dos lábios do orador, todo o salão pareceria repleto de música, cores e formas, a vestimenta sofisticada do pensamento. Cada sentido encontraria estímulo e deleite imediatos, porque todos os sentidos ali são apenas um.

Se inquirirmos mais atentamente sobre as atividades que pertencem ao *Devachan*, e como as pessoas atuarão naquela região sublime quando ali se tornarem autoconscientes, outra vez teremos de olhar para a experiência a fim de obtermos resposta. Teremos de examinar a experiência daqueles que ultrapassaram seus companheiros e que já estão familiarizados com muitos poderes e possibilidades do *Devachan*.

O serviço reveste-se de novos aspectos, pois à proporção que a mente toca outra mente, o inferior entra em contato direto com os Grandes Seres – tanto quanto seres inferiores podem tocar os superiores. O conhecimento transmitido por esses Seres é tão rico, tão pleno, que à medida que é estudado, novas possibilidades sempre parecem nascer de seu interior e o que é relatado não constitui uma centésima parte do que é colocado ao alcance. Parece envolver e penetrar na mente até que os estudantes são mergulhados em um mar de sabedoria e conhecimento que os permeia cada vez mais.

Ali expande-se novamente a compaixão, regozijando-se nos novos canais que encontra para a sua expansão.

Aqueles que se encontram no Plano do *Devachan* projetam-se em sentido descendente para todos os planos, enviando as energias que pertencem àquelas regiões mais elevadas para fortalecer e iluminar as mentes das pessoas. Isto influencia as massas ao invés de cada pessoa individualmente, afetando muitas pessoas por pensamentos de longo alcance, ajudando-as a perceberem a verdade como tal e imprimindo na mente interna aquilo que o cérebro exterior é incapaz de compreender.

Assim, parte da ajuda dada àqueles que são auxiliados consiste em operar na mente interna ou superior, sugerindo uma nova ideia, uma "descoberta" científica, um elo de conhecimento ausente. Esta mente mais elevada capta a verdade apresentada e a integra em sua própria natureza inferior. Esta convicção interna máxima ultrapassa em domínio toda a lógica e os lentos processos do raciocínio, iluminando a mente inferior. Torna o pensamento compreensível e domina a vontade, até que toda a natureza inferior seja iluminada pelo raio do seu Eu superior.

Isto constitui parte do auxílio prestado por aqueles que atingiram a região do *Devachan*, e será prestado de forma cada vez mais integral àqueles mais atrasados da raça, à medida que um número maior de pessoas aprender a agir naquele plano. Abrem-se possibilidades ainda dificilmente imaginadas: treinamento do pensamento para atingir alturas inimagináveis; a criação de poderosos elementais[22] enviados para auxiliar no mundo; a orientação de mentes que

---

22 Elementais são forças invisíveis da Natureza no Plano Astral e em outros planos. Podem ser influenciados para produzir vários efeitos. (Nota do Original)

estão buscando a verdade; a transmissão de inspirações mais sublimes àqueles que se prepararam para recebê-las. À proporção que o pensamento toma forma e as forças da vida no *Devachan* são nele integradas, estas formas tornam-se um agente muito poderoso, de maneira que apenas uma pessoa a operá-las possa auxiliar milhares.

A sabedoria é tão diferente no nível do *Devachan* que é quase impossível até mesmo um rápido vislumbre de seus processos e formas de atuação. Consiste não em observar corpos, porém em compreender essências; não em observar efeitos, porém em compreender causas. Ali, a sabedoria vê, ouve e sabe; trata das causas dos eventos e não dos resultados, dos próprios objetos e não de suas aparências. Uma vez tendo alcançado este plano, a humanidade terá a visão que se estende para o futuro, criando causas que serão trabalhadas nos séculos seguintes. O auxílio na evolução surgirá então de todos os lados. A maioria, ao invés de dificultar o progresso, o fomentará e, ao invés de criar obstáculos, elevará aqueles que estão atrás deles, pois eles compreenderão a Lei divina e tornar-se-ão coparticipantes no progresso do mundo.

Vemos, portanto, como os lados da pirâmide parecem aproximar-se reciprocamente à medida que ascendemos e o amor e sabedoria fundem suas atividades. Assim também acontece com o poder. A partir do que foi dito, podemos ver a espécie de poder que então reinará no mundo e com ele avivará a evolução, porque ter poderes no Plano de *Devachan* consiste em ser uma expressão mais plena da Boa Lei, um canal mais profundo para sua poderosa corrente. A execução perfeita da Lei é guiada pela obediência perfeitamente racionalizada; cada um será a Lei em ação e estará, portanto, transbordante de energia. Agora crescemos de modo tão lento, de século a século, de milênio a milênio. Se olharmos milhões de anos atrás, vemos a raça humana ainda ascendendo em seu caminho. Mas o progresso será muito mais rápido. Obstáculos serão uma lembrança do passado, e todas as forças operarão conscientemente na direção de um cumprimento do dever de natureza divina.

O Reino de *Samādhi*

A humanidade terá de ascender ainda mais. Além do glorioso mundo do *Devachan* abre-se outro ainda mais glorioso, a região de *Samādhi*, onde apenas poucos de nossa raça podem operar, embora seja totalmente desconhecido da grande maioria. É uma região onde o pensamento modifica o seu caráter de modo completo e não mais existe enquanto aquilo que é chamado de pensamento nos planos inferiores. A consciência perde muito de suas limitações e adquire uma nova e extraordinária expansão. A consciência ainda conhece-se como ela própria, mas ao mesmo tempo amplia-se para conhecer outros Eus como estando unos com ela, de maneira que inclui também a consciência de outros. Vive, respira, sente com os outros, identificando-se com eles, porém ciente de seu próprio centro. Abrange os outros por ser una com eles, e, ao mesmo tempo, permanece ela própria. Nenhuma palavra pode expressá-la; para ser conhecida, terá de ser vivenciada.

Esta grande expansão proporciona uma unidade até aqui desconhecida. As divisões da Terra são eliminadas, pois aproximamo-nos do centro e olhamos para fora, percebendo assim a unidade, ao invés de nos restringirmos à circunferência, vendo a multiplicidade. Tudo que foi percebido como serviço àqueles que estão acima de nós, e como compaixão em relação àqueles que estão abaixo de nós, adquire um aspecto novo, fazendo prever uma unidade ainda mais perfeita. Esta é a unidade daqueles que estão em nível mais elevado e, por isso, compreendem a sua unidade, a sua integração com tudo que está abaixo, vendo a humanidade na unidade de sua natureza espiritual e não na diversidade de suas manifestações materiais. Então flui a compaixão, aquela compaixão que vislumbra e conhece a si mesma em toda a alma humana, que tudo compreende e, portanto, é capaz de ajudar a todos. Sente juntamente com todos e, portanto, é capaz de elevar a todos. No pior e mais degradado vê ainda as possibilidades que para ele constituem realidades, como vê também em todas as pessoas aquilo que elas são na realidade, não na aparência. Esta visão percebe as pessoas como elas serão (como deveríamos dizer) no futuro, aquilo que elas são eternamente aos olhos dos que sabem.

Neste nível, problemas incompreensíveis encontram soluções simples, e aquilo que parece incognoscível passa a despontar dentro dos limites do cognoscível. Os discípulos, elevando-se a patamares cada vez mais elevados, encontram a sabedoria mais abrangente, energias mais poderosas, amor mais oniabarcante, até que mesmo para o espírito liberto parece não haver uma marcha ascensional mais elevada ou possibilidades maiores a serem compreendidas.

Nirvāna

E então, diante da alma que desperta, abre-se um mundo ainda mais poderoso que parece minimizar todos os anteriores. Mais um raio de ação está dentro dos limites de sua visão ao alcance, não do pensamento humano, mas, de alguma forma, da compreensão humana. O *Nirvāna* congrega todas estas glórias da humanidade. As suas possibilidades são vistas e entendidas e não são apenas sonhos adoráveis. Incluem a vida liberta além de todas as imaginações, atividade em sabedoria, poder e amor além de quaisquer limites, poderosas hierarquias de Inteligências espirituais, cada qual mais ampla e maravilhosa do que a precedente. O que parece ser vida na Terra nada é senão morte, comparada àquela vida; a nossa vida é apenas cegueira, e a nossa sabedoria, apenas tolice. O que a humanidade tem a realizar em tal região? Que lugar cabe à humanidade ocupar em um mundo desta natureza?

E, então, como se estivesse despontando do próprio centro de tudo do *Logos* que é Vida e Luz – vem o conhecimento de que este é o objetivo de nossa peregrinação, que este é o nosso verdadeiro lar, que este é o mundo ao qual realmente pertencemos. Todos os raios de luz que se espargiram sobre nós em nossa cansativa jornada vieram daquela região. Depois surge a consciência ofuscante em nós, a consciência de que para este fim temos vivido e obtido experiências, deslocando-nos do Plano Físico para o Astral, do Astral até o *Devachan*, do *Devachan* ao *Samādhi*, do *Samādhi* até o *Nirvāna*.

Vemos que poderíamos, por fim, encontrar-nos no *Logos*, de onde nos originamos, que poderíamos conhecer a sua consciência como o reflexo Daquilo, um raio Daquilo.

O fim deste estágio desta poderosa evolução - porque não há um fim verdadeiro - é que cada um, por sua vez, deveria ser o novo *Logos* de um novo Universo, a reduplicação perfeita da Luz da qual nos originamos, para transportar aquela Luz a outros mundos, para dela construir um outro Universo. Aquilo que nos aguarda é a poderosa expansão e transformação em um deus, quando seremos a fonte de nova vida para os outros, levando a outros Universos a Luz que nós mesmos contemos.

Mas o que as palavras podem dizer daquela visão, qual pensamento, até mesmo lançado de mente a mente, poderá ter esperança de proporcionar a imagem mais tênue daquilo que seremos no futuro? Este esboço não pode deixar de ser fraco e imperfeito. Apenas aqueles diante de cujos olhos foram desvendadas as imensas riquezas das visões não trilhadas de anos por vir podem saber como é fraco e imperfeito este esboço. Contudo, é um esboço, ainda que inacabado, do futuro que nos espera, um raio, ainda que sombrio, da glória que será revelada.

FONTES

Capítulo 1: Palestra proferida no City Temple, Londres, Outubro de 1907.

Capítulo 2: *Theosophical Review*, Maio e Junho, 1899.

Capítulo 3: Fonte desconhecida.

Capítulo 4: Palestra proferida em 1895.

Capítulo 5: *Theosophical Review*, outubro 1897.

Capítulo 6: *Theosophical Review*, maio 1900.

Capítulo 7: *Theosophical Review*, fevereiro 1900.

Capítulo 8: *Theosophical Review*, janeiro 1906.

Capítulo 9: Palestra proferida no Parlamento das Religiões, Chicago, 1893.

Capítulo 10: Palestra proferida no Parlamento das Religiões, Chicago, 1893.

Capítulo 11: Palestra proferida na Índia em 1894 ou 1895.

Capítulo 12: *Theosophical Review*, dezembro 1897.

Capítulo 13: *Theosophical Review*, julho 1906.

Capítulo 14: *Theosophical Review*, abril 1905.

Capítulo 15: Palestra proferida na Loja de Londres da Sociedade Teosófica, em novembro de 1895.

LIVROS PARA VIVER MELHOR

O Poder do Pensamento

Annie Besant

Este livro destina-se a ajudar o estudante a examinar a sua própria natureza, no que diz respeito ao seu intelecto. Se ele dominar os princípios aqui estabelecidos, estará cooperando com a Natureza na sua própria evolução, e aumentando a sua estatura mental mais rapidamente.

Busca-se aqui estabelecer uma base da relação do intelecto para com as outras partes de sua natureza e para com o mundo exterior. E aqueles que pretendem colocar em prática a máxima "Conhece-te a ti mesmo" devem empenhar-se muito em seu esforço mental, sem esperar que o alimento mental surja pronto de algum lugar.

Dentre vários temas interessantes aqui apresentados, destacamos: a natureza e a transferência do pensamento, concentração, o fortalecimento do poder do pensamento, ajudando os outros pelo pensamento.

O leitor poderá esclarecer suas dúvidas sobre o tema abordado com bastante clareza, o que o ajudará muito no seu propósito de trilhar o caminho espiritual.

gráfika
papel&cores
Fone:61 3344.3101